프로테스탄트 윤리와
자본주의 정신

금욕과 탐욕 속에 숨겨진 역사적 진실

청소년 철학창고 16

프로테스탄트 윤리와 자본주의 정신
금욕과 탐욕 속에 숨겨진 역사적 진실

초판 1쇄 인쇄 2006년 12월 11일 | 초판 11쇄 발행 2023년 8월 31일

풀어쓴이 김상희
펴낸이 홍석 | 기획 채희석 | 이사 홍성우
인문편집팀장 박월 | 편집 박주혜 | 표지 디자인 황종환 | 본문 디자인 서은경
마케팅 이송희 · 김민경 | 관리 최우리 · 정원경 · 홍보람 · 조영행 · 김지혜
펴낸곳 도서출판 풀빛 | 등록 1979년 3월 6일 제2021-000055호
주소 07547 서울시 강서구 양천로 583 우림블루나인 A동 21층 2110호
전화 02-363-5995(영업), 02-364-0844(편집) | 팩스 070-4275-0445
홈페이지 www.pulbit.co.kr | 전자우편 inmun@pulbit.co.kr

ISBN 978-89-7474-542-4 44160
ISBN 978-89-7474-526-4 44080 (세트)

이 도서의 국립중앙도서관 출판예정도서목록(CIP)은 서지정보유통지원시스템 홈페이지(http://seoji.nl.go.kr)와
국가자료공동목록시스템(http://www.nl.go.kr/kolisnet)에서 이용하실 수 있습니다. (CIP제어번호: CIP2006002547)

프로테스탄트 윤리와 자본주의 정신

금욕과 탐욕 속에 숨겨진 역사적 진실

막스 베버 지음 | 김상희 풀어씀

Die protestantische Ethik
und der Geist des Kapitalismus

'청소년 철학창고'를 펴내며

    우리 청소년이 읽을 만한 좋은 책은 없을까? 많은 분들이 이런 고민을 하셨을 겁니다. 그러면서 흔히들 고전을 읽어야 한다고 합니다. 하지만 서점에 가서 책을 골라 보신 분들은 느꼈을 겁니다. '청소년의 지적 수준에 맞춰서 읽힐 만한 고전이 이렇게도 없는가.'라고.

    고전 선택의 또 다른 어려움은 고전의 범위가 매우 넓다는 것입니다. 청소년 시기에는 시간과 능력의 한계 때문에 그 많은 고전들을 모두 읽을 수 없습니다. 그렇다면 어떤 책을 읽어야 할까요?

    이런 여러 현실적인 어려움을 고려해 기획한 것이 풀빛 '청소년 철학창고'입니다. '청소년 철학창고'는 고전의 핵심이라 할 수 있는 '철학'에 더 많은 무게를 실었습니다. 그 이유는 무엇일까요?

    사람들은 일반적으로 철학을 현실과 동떨어진 공리공담이나 펼치는 학문이라고 생각합니다. 하지만 철학적 사고의 핵심은 사물과 현상을 다양하게 분석하고 종합해서 그 원칙이나 원리를 찾아내는 것입니다. 그래서 철학은 인간과 세상에 대해 깊이 있게 생각하고, 논리적으로 종합하는 능력을 키워줍니다. 그런 만큼 세상과 인간에 대해 눈떠 가는 청소년 시기에 정말로 필요한 공부입니다.

하지만 모든 고전이 그렇듯이 철학 고전 또한 읽기가 쉽지 않습니다. 그래서 '청소년 철학창고'는 청소년의 눈높이에 맞추기 위해 선정에서부터 원문 구성에 이르기까지 많은 노력을 기울였습니다.

첫째, 책을 선정하는 과정에서부터 엄격함을 유지했습니다. 동양·서양·한국 철학 전공자들이 많은 회의 과정을 거쳐, 각 시대마다 동서양과 한국을 대표하는 철학 고전들을 엄선했습니다. 특히 우리 선조들의 사상과 동시대 동서양의 사상들을 주체적인 입장에서 비교하고 검토할 수 있도록 했습니다.

둘째, 고전 읽기의 참다운 맛을 살리기 위해 최대한 원문을 중심으로 구성했습니다. 물론 원문 읽기의 어려움을 해결하기 위해 새롭게 번역하고 재정리했습니다. 그리고 청소년이라면 누구나 어렵지 않게 읽으면서 고전이 주는 의미와 내용을 이해할 수 있도록 설명을 덧붙였고, 전체 해설을 통해 저자의 사상과 전체 내용을 다시 한 번 정리해 주었습니다.

마지막으로 쉬운 것부터 읽기 시작해 점차 사고의 폭을 넓혀 가도록 난이도에 따라 세 단계로 구분했습니다. 물론 단계와 상관없이 읽고 싶은 순서대로 읽어도 됩니다.

우리 선정위원들은 고전 읽기의 진정한 의미가 '옛것을 되살려 오늘을 새롭게 한다(溫故知新).'는 데 있다고 생각합니다. '청소년 철학창고'를 통해 자라나는 청소년들이 인간과 사물에 대한 깊은 통찰력을 키워, 밝은 미래를 열어 나갈 수 있기를 진정으로 바랍니다.

2005년 2월

선정위원   허우성(경희대 교수, 동양 철학)   윤찬원(인천대 교수, 동양 철학)
            정영근(서울산업대 교수, 한국 철학)   허남진(서울대 교수, 한국 철학)
            이남인(서울대 교수, 서양 철학)   한자경(이화여대 교수, 서양 철학)

들어가는 말

 《프로테스탄트 윤리와 자본주의 정신》은 기독교 좀 더 정확히 말해서 개신교와 관련이 있다. 그런 이유에서인지 간혹 여러 번역서 중 일부가 서점의 종교 서적 코너에 꽂혀 있음을 보게 된다. 하지만 이 책의 주요 관심사는 바로 '자본주의의 발전 과정에서 프로테스탄트 윤리가 어떤 역할을 했는가?'라는 문제며, 그런 측면에서 보면 경제가 이 책의 주요 주제라고 할 수 있다. 우리의 삶은 경제와 많은 관련을 맺고 있으며, 대부분의 사람들이 다른 어떤 문제보다도 경제 문제에 더 많은 관심을 갖고 있다. 우리가 매일 일상생활에서 겪는, 무엇을 먹고 입으며 어디서 쉴 것인가 하는 문제에도 물론 경제가 들어 있다.

 이처럼 우리의 일상을 지배하는 경제는 사실 자본주의 경제를 말한다. 그렇다면 자본주의는 어떤 과정을 거치면서 발전한 것일까? 이에 대해 마르크스주의자들은 '물질적인 하부 구조가 정신적인 상부 구조를 결정한다.'라는 명제를 바탕으로 생산 기술의 발전이 자본주의를 이끌었다고 주장한다. 하지만 막스 베버는 이런 주장에 의구심을 갖고 구체적인 연구를 통해 정신적인 프로테스탄트 종교 윤리가 경제적 토대인 자본주의를 발전시킨 원동력임을 증명해, 물질적인 존재가 의식을 결정한다는 경제 결정론이 진실이 아님을 밝힌다. 베버는 자신이 살고 있는 시대, 즉 20세기가 지닌 성격을 밝히려고 했다. 그래서 현대 서구 문명의 핵심과 특징이 무엇인지 파헤치고 그 미래가 어디를 향해 가는지 윤곽을 그려 보려는 열망을 갖고 있었다. 이렇게 베버는 사회 과학 방법론의 새로운 틀을 마련하려고 시도했고 그 과정에서 나온 것이 '이념형'이라는 새로운 개념이었다.

우리는 베버의 학문적 열정이 낳은 이 책을 보면서 자본가라고 해서 물질적인 것만 추구한 것은 아니라는 진실을 알게 된다. 자본주의라고 하면 생각하는 나라는 미국이다. 그런데 이 미국을 강한 나라로 만든 정신을 흔히들 '프랭클린 정신'이라고 한다. 베버는 이 책에서 시간이 곧 돈이며 정직이 신용이라고 주장한 벤저민 프랭클린의 말을 인용하면서 바로 초기 자본주의 정신의 순수한 원형인 프랭클린 정신이 정직과 절약, 그리고 일에 대한 의무였음을 밝혀낸다.

물론 베버가 밝힌 초기 자본주의 정신의 건강성과 경건성이 완벽하게 진실은 아닐 수도 있다. 하지만 베버는《프로테스탄트 윤리와 자본주의 정신》을 통해 역사적이고 사회적인 진실을 일반화된 하나의 논리로서 설명하기 어렵다는 점을 철저하게 입증한다. 그런 점에서 볼 때 이 책은 20세기의 가장 중요한 사회학 저서라고 할 수 있으며, 학문의 객관성을 구체적으로 밝힌 고전으로 그 빛을 잃지 않고 남아 있을 것이다.

2006년 10월
김상희

이 책을 이해하기 위한 배경지식

1. 프로테스탄트

1) 어원

16세기 마르틴 루터(Martin Luther)와 장 칼뱅(Jean Calvin) 등이 주도한 종교 개혁의 결과로 로마 가톨릭 교회에서 분리해 성립된 기독교의 분파를 말한다. 가톨릭이 구교라고 불리는 데 반해 프로테스탄트는 신교 혹은 개신교로 불린다. 로마 가톨릭 교회, 동방 정교회와 더불어 기독교의 3대 교파를 이룬다. 프로테스탄트라는 말은 '저항하다, 항거하다'의 뜻을 가진 영어 '프로테스트(protest)'에서 왔다. 이 말은 1529년 2월 21일에 열린 독일 슈파이어 국회에서 루터를 지지하던 제후와 도시들이 신성 로마 제국의 황제 카를 5세 등 로마 가톨릭 세력의 억압에 저항한 데서 기원했다.

2) 역사

독일의 신학자 루터는 교황 레오 10세(Leo X)의 면죄부 판매에 반대하며 1517년 10월 31일에 95개조 반박문을 써서 큰 논란을 일으켰다. 이렇게 시작된 종교 개혁은 독일의 여러 지방으로 확산되었으며, 1530년 루터 교회의 아우구스부르크 신앙 고백이 작성된 이후에는 덴마크, 스웨덴, 노르웨이 등 스칸디나비아 3국으로 확산되었다. 스위스에서도 종교 개혁이 일어났는데 취리히에서는 울리히 츠빙글리(Ulrich Zwingli), 스트라스부르에서는 마르틴 부처(Martin Bucer), 제네바에서는 칼뱅이 주로 상공업자와 손잡고 종교 개혁에 앞장섰다.

이 종교 개혁 과정에서 프랑스에서는 위그노 전쟁, 독일에서는 30년 전쟁을 치르기도 했다. 그 결과 로마 가톨릭이 이끌던 유럽 종교의 통일성은 무너졌다. 독일에서는 1648년 베스트팔렌 조약으로 신앙의 자유가 허용되었다. 또한 유럽에는 여러 프로테스탄트 분파들이 형성되었는데 스위스계의 프로테스탄트를 개혁파 교회 또는 장로 교회라고 불렀다. 이 개혁파 교회는 프랑스, 영국, 스코틀랜드, 네덜란드, 헝가리, 폴란드 등으로 확산되었다. 영국의 종교 개혁은 영국 국교회를 탄생시켰는데 이후에 칼뱅주의의 영향을 받아 여러 청교도파로 나뉘어 각각 장로교, 침례교, 퀘이커교, 메노나이트교 등 여러 교회로 갈라진다.

18세기에 들어서 감리교가 영국 국교회로부터 분리되었으며 스코틀랜드에서는 장로교가 주종을 이루었다. 미국은 영국의 여러 청교도파에서 나온 교회와 감리교를 중심으로 하는 대표적인 프로테스탄트 국가다. 초기 영국, 스코틀랜드, 독일, 네덜란드의 개신교 교회들은 국가와 결부된 국가 교회의 형태를 띠었다. 그러나 청교도 이후에는 교회와 국가가 분리되기 시작해 이른바 자유 교회가 성립되었다. 이와 같은 자유 교회 제도가 전형적으로 시행되었던 곳이 바로 미국이다. 프로테스탄트 교회는 18세기 말에서 19세기에 걸쳐 적극적인 선교에 힘써 아시아, 아프리카, 남아메리카 등지까지 영향력을 발휘하면서 현재는 가장 큰 기독교 세력을 이루고 있다.

3) 신앙의 특징

 종교 개혁은 단순히 가톨릭 교회의 타락에 원인이 있다기보다는 근본적으로 신학적인 대립에 그 원인이 있었다고 해석된다. 소위 루터에 의한 '복음의 재발견', 즉 사제를 통해 신과 만나는 것이 아니라 신과 직접적인 만남을 이루는 개인의 신앙이 유일하다는 새로운 신앙 해석이 종교 개혁의 출발점이 되었다. 따라서 프로테스탄트의 신학적 특징을 다음의 세 가지로 정리할 수 있다.

 첫째, 오직 신앙에 의해서만 정의로 인정한다. 프로테스탄트는 '오직 신앙에 의해' 혹은 '오직 은혜에 의해' 정의로움을 인정받는다고 강조한다. 물론 가톨릭 교회에서도 은혜에 의해 정의로움을 인정받는다고 하지만 천국으로 구원되는 과정으로서 정의로움이 인정받는다고 해석하는 것과 구분된다. 프로테스탄트는 인간이 선한 일을 하지 않아도 신의 은혜에 의해 죄를 용서받는다고 주장한다. 따라서 선한 일을 하지 않아도 인간의 죄를 용서하고 이를 정의로 인정하는 신의 은혜를 받는 것이 '신앙에 의한 정의의 인정'이며, 은혜를 입은 것에 대한 감사로 인간이 행하는 것이 선한 일이다.

 둘째, 성서에 의해서만 권위를 인정한다. 가톨릭에서는 성서와 교회의 전통에 의해서 권위가 인정된다고 주장한다. 따라서 성서의 해석도 교회의 전통에 따라야 한다고 본다. 이에 대해 프로테스탄트의 경우, 권위의 통로로 성서만을 인정한다. 즉 교회는 성서보다 우위에 있지 않고 오히려 성서에 기초해서 존재한다는 것이다. 성서가 신앙을 이끄는 바른 경전이 된 것 역시 성서 자체의 힘이며, 교회는 성서를 인정하고 성립한 것에 불과하다고 말한다.

셋째, 만인이 사제가 된다. 가톨릭에서는 설교보다는 신에게 드리는 의례, 말하자면 미사가 중요하다. 그리고 미사를 담당하는 사제는 특별한 지위를 차지하는데 그 권위는 예수 그리스도에 의해 인정받은 사도 베드로에게서 전승된 것이다. 이에 비해 프로테스탄트는 신에게 드리는 의례보다도 설교가 중시되며, 교직자(신도를 지도하고 관리하는 직책의 사람)는 의례의 담당자라기보다는 설교자나 목회자(설교하며 신자의 신앙생활을 지도하는 사람)의 성격이 강하다. 따라서 교직자라는 직위 자체에 권위가 있는 것은 아니며, 대신에 그 사람의 신앙과 인격을 중요하게 본다. 엄밀하게 말해 신의 말씀만이 권위를 가지며 교직자는 신의 말씀을 전도하는 기능만을 갖는다. 따라서 원칙적으로 하느님을 믿는 누구나 설교할 수 있고 교직자의 역할을 할 수 있다고 보기 때문에 만인이 사제가 된다.

2. 자본주의

현재 서유럽과 미국 및 한국 등 많은 나라에서는 자본주의 경제 제도를 채택하고 있다. 하지만 이와 같은 경제 제도가 발생한 것은 인류의 역사에서 볼 때 그리 오래되지 않았다. 자본주의는 16세기 무렵부터 봉건 제도 속에서 점차 싹트기 시작했는데, 18세기 중엽부터 영국과 프랑스 등을 중심으로 점차 발달해 산업 혁명에 의해 확립되었다. 그리고 19세기로 접어들면서 자본주의는 독일과 미국으로 파급되었다.

자본주의라는 말은 처음에 사회주의자들이 쓰기 시작했는데 그 뒤 널리 보급되어 일반적인 명칭이 되었다. 그러나 자본주의란 무엇인가에 대해 한

마디로 말할 수 있는 명확한 정의가 있는 것은 아니다. 사실 자본주의라는 말은 사람에 따라 다양한 뜻으로 사용되고 있다. 예를 들면 이윤 획득을 위해 상품을 생산하는 제도라는 의미나, 또는 단순히 화폐 경제 제도의 동의어로도 쓰인다. 화폐 경제 제도의 동의어로 해석하는 경우, 부분적으로는 고대와 중세에도 자본주의가 존재했다고 본다. 그 밖에도 사회주의 계획 경제에 상대되는 용어로 사유 재산제에 바탕을 둔 자유주의 경제라는 뜻으로 쓰이는 경우도 있다.

카를 마르크스(Karl Marx)는 자본주의의 특징으로 이윤 획득을 목적으로 상품 생산이 이루어진다는 점, 노동력이 상품화된다는 점, 생산이 일정한 목적을 지니고 계획되어 이루어진다는 점을 꼽았다. 그리고 자본주의는 마르크스의 유명한 '역사 발전 5단계설(원시 공산 사회, 고대 노예제 사회, 중세 봉건 사회, 자본주의 사회, 공산주의 사회)'에서 네 번째 단계에 위치한다. 즉 인류 역사의 발전 과정에서 필연적으로 나타나는 자본주의 단계는 자본가와 노동자들이 적대적이고 대립적인 관계에 있는데, 생산의 주체자이자 다수를 이루는 노동자들이 계급투쟁을 통해 공산주의 사회를 건설할 것이라고 예언했다.

베르너 좀바르트(Werner Sombart, 독일의 경제학자며 사회학자로 베버와 함께 잡지 《사회 과학 및 사회 정책》을 출간해 사회 정책의 과학성 확립에 노력)는 자본주의 체제란 서로 다른 두 인구군, 즉 지배권을 가지며 동시에 경제 주체인 생산 수단의 소유자와 생산 수단을 소유하지 않은 노동자가 시장에서 결합되어 함께 활동하는, 그리고 영리주의와 경제적 합리주의에 의해 지배되는 하나의 유통 경제적 조직이라고 정의했다.

막스 베버(Max Weber)는 근대 자본주의를 주목했다. 직업을 통해 이윤을 조직적이고 합리적으로 추구하는 근대 자본주의를 베버는 '합리적 자본주의'라고 불렀다. 합리적 자본주의는 정규적인 시장과 연관되어 이루어지는 경제 행위의 한 형태로서, 정확한 계산을 위한 장부 정리와 합법적 수단에 의한 체계적인 이윤 추구를 특징으로 한다. 베버는 합리적 자본주의라는 경제 체제가 나타나기 위해서는 합리적 정신이라는 규범적인 조건과 이윤을 추구하는 자본주의라는 제도적 요소가 필요하다고 구분했다. 이 두 가지 요소 중 어느 하나라도 없으면 합리적 자본주의는 성립될 수 없다는 의미다. 우리는 이 책을 통해 근대 자본주의를 이루는 원동력이 된 합리적 정신의 뿌리인 프로테스탄트의 직업윤리를 찾아가는 추론 과정을 살펴볼 수 있을 것이다.

3. 루터와 루터주의

독일의 종교 개혁가이자 신학자인 루터는 1483년 아이슬레벤에서 태어났다. 루터의 아버지는 광부였으며 어머니는 독실한 가톨릭 신자였다. 1501년에 에르푸르트 대학에 입학해 스콜라 철학(9세기에서 15세기에 걸쳐 유럽의 정신세계를 지배했던 신학 사상으로 기독교 신학에 바탕을 두고 진리 탐구와 인식의 문제를 다룸)과 라틴 문학을 전공하고 1505년에 교양 과정을 마친 뒤 법률을 공부하기 시작했다. 루터는 친구와 도보 여행을 하다가 벼락을 맞아 친구가 사망하는 사고를 겪고는 학업을 중단하고 아우구스티누스 수도회에 들어갔다. 1507년 사제가 되었으며 1511년에 비텐베르크 대학의 신학 교수가 되었다. 1513년부터 성서학 강의를 시작한 루터는 하느님이 인간에게 어떤 도덕적인 행위를 요구하는 것이 아니라, 예수를 통해 인간에게 다가와 은혜를 베풀고 구원하는 존재임을 재발견했다.

루터는 예수를 통해 베푼 신의 철저한 은혜와 사랑을 깨닫고 신앙으로 응답해야 한다고 주장했다. 그래서 인간은 태어나면서부터 자신의 이익만을 추구하는 죄인이지만, 그리스도로 말미암아 죄를 용서받고 '자유로운 군주'면서 '섬기는 종'이 되었다고 강조한다. 이렇게 루터는 가톨릭 교회의 사제를 중심으로 한 신앙 이론과 다른 입장에서 당시 교회의 관습이 되어 있던 면죄부 판매에 대해 95개조 논제로 반박했다. 이는 가톨릭 교회의 권위에 도전한 사건으로 큰 논란을 일으켜 마침내 종교 개혁의 발단이 되었다.

루터의 95개조 반박문을 대략 요약하면 다음과 같다. 첫째, 면죄부는 하느님의 징벌을 벗어나게 할 수 없고 교회의 징벌만 없앨 뿐이다. 둘째, 면죄부는 원죄를 용서할 수 없다. 셋째, 연옥에 있는 영혼에게는 면죄부가 쓸데없다. 넷째, 죄를 뉘우친 신자는 하느님께 이미 용서를 받았으므로 면죄부는 쓸데없다. 다섯째, 하느님이 말씀하시는 선행·공로·보화가 무엇인지 평신도는 깨달을 수 없으며, 그 보화 창고는 하느님의 은혜와 영광을 가르친 복음뿐이다. 여섯째, 교황은 예수의 공로나 신자들의 공로를 팔 권한이 없고 교회의 징벌만 없앨 권한이 있다.

이 반박문으로 루터는 교황으로부터 교회에서 추방당하는 파문 칙령을 받았으나 교수와 학생들이 지켜보는 앞에서 이를 불태워 버렸다. 또한 루터는 1521년 신성 로마 제국의 의회에 소환되어 자신의 주장을 취소하라고 강요받았으나 이를 거부하고 제국에서 추방되는 처분을 받았다. 그 뒤 루터는 바르트부르크 성에 머물면서 신약성서의 독일어 번역을 완성했다. 이를 통해 평신도들도 성서를 읽을 수 있게 되었고, 이와 더불어 루터의 신약성서 독일어 번역은 지방에 따라 많은 방언이 존재하던 독일어를 통일하는 데 크게 공헌하게 된다. 비텐베르크로 돌아와서는 새로운 교회 형성에 힘써 마침내 루터 교회가 성립되었다. 그 뒤 루터는 만년에 이르기까지 가톨릭 교회와 종교 개혁 세력 내의 급진파와 논쟁을 벌이고 대결하면서 성서 강의, 설교, 저작, 성서 번역 등에 헌신하며 종교 개혁 운동을 추진했다. 루터는 영주들 사이의 분쟁 조정을 위해 고향인 아이슬레벤에 갔다가 병을 얻어 1546년 그곳에서 사망했다. 루터의 저서는 대부분 문서 형태로 남아 있어 주요 저작만도 100여 권에 달한다. 그중《기독교인의 자유》는《로마서 강의》와 더불어 루터의 초기 신학 사상을 잘 보여 주고 있다.

　루터의 사상에서 핵심적인 주장을 정리하면 다음과 같다. 첫째, 믿음으로 의롭게 된다. 둘째, 믿는 사람은 모두 사제가 될 수 있다. 셋째, 오직 성서만이 권위를 가지며 모든 것은 성서에 바탕을 두어야 한다. 이 밖에도 루터는 모든 직업이 신의 소명에 의한 것이라고 설명함으로써 초기 자본주의를 발전시킨 직업관을 갖도록 하는 데 큰 영향을 미쳤다. 루터와 이후의 여러 종교 개혁가들이 촉발시킨 종교 개혁은 르네상스와 함께 중세에서 근세로의 전환점을 만들었다.

4. 칼뱅과 칼뱅주의

　칼뱅은 프랑스의 신학자이며 종교 개혁가다. 젊은 시절 칼뱅은 파리에서 신학을 공부한 뒤 오를레앙 대학에서 법학을 공부했다. 1532년 세네카(Seneca)의《관용에 대하여》라는 책의 해설을 발표하면서 인문주의자로서의 학문적 재능을 인정받았다. 칼뱅은 1533년 에라스뮈스(Erasmus)와 루터를 인용한 이단적 강연의 초고를 썼다는 혐의를 받고 숨어 지내면서 교회를 초기 사도 시대의 순수한 모습으로 되돌릴 것을 다짐하고 로마 가톨릭과 결별했다. 국왕 프랑수아 1세(François I)의 박해로 신변의 위협을 느낀 칼뱅은 스위스의 바젤로 피신해 1536년 프로테스탄트의 고전이 된《기독교 강요》를 저술했다.

이 무렵 칼뱅은 제네바의 종교 개혁 운동에 참가해 달라는 요청을 받고 스위스로 갔지만 추방당하게 되고 다시 프랑스의 스트라스부르로 갔다. 그곳에서 칼뱅은 설교하고 신학을 가르치면서《로마서 주해》를 저술해 추기경과 논쟁을 벌이기도 했다. 상황이 바뀌어 3년 뒤에는 다시 제네바로 초빙되었고, 1542년 교회 규율을 제정하고 교회 제도를 정비했다. 칼뱅은 제네바의 일반 시민들에게도 엄격한 신앙생활을 요구하며 신정 정치(지배자가 신의 대리인으로 정치와 종교의 권력이 융합된 정치) 체제를 수립했다. 그 뒤 제네바는 종교 개혁 운동의 중심지로서 전 유럽에 영향을 미쳤다.

칼뱅은 루터의 사상을 계승하고 동시에 독자적인 사상을 발전시켰다. 신앙에 의한 정의로움의 인정, 신앙의 유일한 기준과 권위로서의 성서 등은 루터로부터 나온 사상이라고 하겠다. 그러나 신만이 절대적 주권을 지닌다고 강조한 신에 대한 관점, 구원을 받는 사람과 멸망에 이르는 사람이 영원한 옛날부터 신에 의해 결정되었다고 하는 예정설, 오직 성령의 힘이 깃든 성찬만이 영적 의미를 지닌다는 성찬론 등은 칼뱅이 완성시킨 신학이었다.

신앙생활에서도 자신을 신의 그릇으로 보았던 루터의 수동적인 입장과는 다르게 칼뱅은 자신을 신의 영광을 위한 도구로 보는 보다 적극적인 경향을 가졌다. 또한 사회생활에 대해서도 루터와는 다른 태도를 보였는데, 루터가 국가 권력을 신이 내린 영광으로 본 데 반해 칼뱅은 저항권을 인정하고 국가에 대한 교회의 자유를 주장했다. 예배와 관련해서도 칼뱅은 가톨릭 교회의 미사를 폐지하고 설교 중심으로 예배 방식을 바꾸었으며, 교회 제도에서도 목사, 교사, 장로, 집사 등 네 개의 직무를 정하고 목사와 장로로 이루어진 콘시스토리움에 의해 교회가 운영되도록 만들었다.

칼뱅의 사상은 스위스뿐만 아니라 유럽 각지에 파급되어 독일·네덜란드 및 여러 국가에 개혁파 교회를 탄생시켰는데 프랑스의 위그노교, 스코틀랜드의 장로교, 영국의 청교도파(장로교, 독립교, 침례교 등) 등이 그것이다. 칼뱅주의는 근대 서유럽의 신앙생활과 문화, 그리고 근대 민주주의의 형성과 근대 자본주의 정신에도 미친 영향이 크다고 베버는 지적하고 있다.

5. 경건주의

경건주의는 프로테스탄트 교파의 하나인데 이 책에서 인용하고 있는 독일의 경건주의자 세 사람이 지닌 경건주의 운동의 성격과 특징은 다음과 같다.

1) 필립 야코프 슈페너(Philipp Jakob Spener, 1635~1705)

독일 경건주의(루터 교회의 세속화에 반대해 일어났던 프로테스탄트 분파로 성서주의와 엄격한 종교 생활, 금욕적 도덕의 실천 등을 특징으로 함)의 아버지로 불리는 슈페너는 독일의 신학자로 경건주의 운동의 창시자다. 슈페너의 경건주의 운동은 크게 네 가지로 설명할 수 있다.

첫째, 경건의 실천을 강조했다. 슈페너는 외형적인 종교 행위만 하는 교회를 비판하면서 그 대안으로 '교회 안의 작은 교회', 즉 사제직을 수행하는 영적으로 거듭난 사람들의 작은 모임을 통한 경건의 실천을 주장했다. 슈페너에 의하면 인간의 모든 행위는 신앙의 열매로 인해 나타난 것이다.

둘째, 삶을 통해 참민음에 이른다는 청교도적 경건성과 믿음으로써 의롭게 된다는 루터의 사상을 종합해 실천을 강조했다.

셋째, 교회를 개혁하기 위해 성서 신학을 중요한 위치에 두었다. 성서에 대한 폭넓은 이해와 연구를 바탕으로 슈페너는 교회 안에서 평신도의 역할을 중요하게 보았다. 그래서 평신도 지도자들에게도 같은 종교를 믿는 사람인 교우를 방문하는 권한을 주고, 말씀과 가르침을 전하는 사도 역할을 개방했다.

넷째, 눈앞에 다가온 종말 사상을 주장했다. 슈페너는 머지않아 루터교의 경건하지 않음은 심판을 받게 되고 교회가 알곡과 쭉정이로 구분되어 정화될 것이며, 선교를 통해 유태인도 과거의 생활을 반성하고 신앙에 눈을 뜨게 할 것이라고 했다. 또한 이방인에게도 선교가 확장됨으로써 교회가 진정으로 거듭나게 되어 하느님의 나라가 실현되는 천년 왕국이 이루어진다고 했다.

2) 아우구스트 헤르만 프랑케(August Hermann Francke, 1663~1727)

프랑케의 경건주의 운동은 교육과 선교라는 두 가지 측면에 초점을 두고 있으며, 이는 프랑케가 일으킨 할레 경건주의의 특징을 이룬다. 할레 경건주의란 독일 할레 대학을 중심으로 일어난 경건주의 사상을 말한다.

프랑케의 교육에 대한 관점은 다음과 같다. 프랑케는 어린아이들에게 지대한 관심을 가지고 있었고 많은 고아원을 세운다. 프랑케의 할레 경건주의 운동은 '대소 교리 문답'을 통해 어린아이들에게 신앙 교육을 시키면서 시작된 것이다. 이 교육은 얼마 지나지 않아 널리 보급되었는데 프랑케는 신분의 차이를 벗어나 균등한 교육의 기회가 주어져야 한다고 주장했다. 프랑케의 교육은 외국어 교육과 더불어 이론과 실기를 함께하는 실용적인 교육이다. 이는 오늘날 독일 사람들의 특성으로 불리는 시간과 돈에 대한 절약 정신을 심어 주었고, 교육을 받는 사람의 종교적인 반성과 변화를 강조한 데 특징이 있었다.

프랑케는 교육과 더불어 선교 운동을 실천했다. 슈페너가 경건주의의 시작이었다면 프랑케는 그 열매로 교육과 선교를 통해 경건주의 운동을 확산시켰다. 프랑케는 보다 많은 사람을 기독교로 개종시키기 위해 서유럽의 각지로 선교사를 파견했다. 이렇게 적극적으로 선교한 것은 인간의 변화를 통해 세계의 변화를 추구하려고 했던 프랑케 경건주의 운동의 큰 특징이다.

3) 니콜라우스 루트비히 친첸도르프(Nikolaus Ludwig Zinzendorf, 1700~1760)

경건주의의 물결은 슈페너와 프랑케를 거쳐 모라비아 교회의 창시자요, 루터 이후 개신교에서 가장 위대한 지도자로 불리며 종교적 천재라고 일컫는 친첸도르프에 이르게 된다. 친첸도르프는 작센 지방의 백작 가문에서 태어나 열 살부터 열일곱 살때까지 할레 대학에서 공부하면서 프랑케와 밀접한 관계를 맺으며 자신의 종교적 견해를 확립했다. 이 무렵 친첸도르프는 겨자씨 모임을 조직해 기독교의 형제애로 복음을 온 세상에 전파하고 세계 인류를 사랑할 것을 서약했다.

1722년 보헤미아 지방의 모라비아 후스(Hus, 루터와 동시대에 활약했던 종교 개혁가)파와 개신교 신도들이 종교 박해를 피해 친첸도르프의 영지로 오는 사건이 발생했다. 이들은 신앙심이 굳었고 선교에 대해서도 열의를 갖고 있었다. 당시 드레스덴에서 법정 변호사로 상당한 사회적 지위를 가지고 있었던 백작 친첸도르프는 이들의 신앙심에 감동해 적극적으로 모라비아 형제들을 지원하기 시작했다. 자신의 영지에 모라비아 본부를 짓도록 해서, 그곳을 하느님의 보호소라고 이름 짓고 흩어진 모라비아 형제단의 중심지가 되도록 했다. 이후 해외 선교에 적극적으로 관심을 가지게 되면서 1732년 버지니아 제도에 최초로 선교사를 보낸다. 이후에도 그린랜드, 남아메리카, 남아프리카 등에 선교 기지를 구축하는 등 적극적으로 활동했다.

친첸도르프의 모라비아 선교 운동은 독일 개신교 안에서 가장 먼저 일어난 자발적 운동이다. 국가 주도의 선교회인 할레 선교회와는 달리 순교의 피를 흘리면서 세계 각국에서 독자적으로 임무를 수행했다는 점, 개신교 역사상 처음으로 자발적인 선교 공동체를 만들어 선교사를 파견했다는 점, 그리고 그 공동체가 선교만을 위한 교회였다는 점에서 큰 의의와 특징을 가진다고 할 수 있다.

6. 감리교

감리교는 18세기 존 웨슬리(John Wesley)가 영국 국교회를 부흥시킨다는 취지로 시작한 운동에서 그 기원을 찾을 수 있다. 영국 국교회의 성직자인 웨슬리는 1738년 한 종교 집회에 참석했는데 '마음이 이상하게 뜨거워짐'을 느끼고 예전에는 알지 못했던 개인 구원의 확신을 체험했다고 한다. 곧 웨슬리는 교회가 자신들을 방치하고 있다고 느끼는 사회의 소외 계층을 대상으로 야외 설교 활동을 펼쳤다. 이 운동은 열렬한 호응을 얻어 많은 평신도와 성직자들이 여기에 가담했고 이렇게 해서 감리교가 탄생한다.

개신교의 신앙과 의식, 그리고 상황은 매우 다양하지만 감리교는 루터 교회나 칼뱅 교회처럼 교리에 순응해야 한다고 엄격히 고집하거나 신학적인 사색에 큰 관심을 기울이지 않고 전통적인 기독교 교리들을 받아들인다. 감리교는 신자의 신앙을 북돋워 주고 개인 생활을 변화시키는 성령의 능력에 대한 교리, 특히 웨슬리의 견해를 중심으로 하는 구원 확신과 기독교인의 완전함에 관한 가르침들을 강조한다. 예배 방식도 단순하고 성직자와 평신도가 예배와 교회 행정에 함께 참여하며, 소외당한 사람들을 돌보고 사회 여건을 향상시키는 데 관심을 가진다. 기독교인이 서로 격려하고 배우기 위한 작은 모임들을 구성하고 협력적인 감독 체제(모든 목사들이 감리 교회의 중앙 기관과 연결되며 행정 지도를 받음)를 유지하며 웨슬리의 가르침을 충실히 따른다.

감리교는 영국 국교회 안에 한 단체를 형성하는 것으로 출발했다. 웨슬리는 감리교가 영국 국교회를 떠나지 않기를 바랐지만 몇 년 동안 긴장 관계가 계속되다가 웨슬리가 죽은 뒤 4년이 흐른 1795년 정식으로 영국 국교회와 결별했다. 중앙 기관의 강력한 권위와 효율적인 지방 조직으로 결합한 잘 짜여진 교회 조직과 평신도 설교자들에 힘입어 감리교 운동은 19세기 내내 급속도로 확산되었다. 감리교는 특히 팽창해 가는 공업 지대에서 크게 성공을 거두었는데, 이는 감리교가 노동자들이 신앙으로 경제적인 좌절을 극복할 수 있도록 도왔고 근검절약과 협동으로 경제적인 능력을 향상하도록 장려했기 때문이다.

7. 침례교

침례교의 기본 사상과 침례교의 분파인 메노나이트교와 퀘이커교에 대해
간단히 살펴보자.

1) 침례교의 특징

침례교는 16세기 유럽에서 발전한 재세례교에서 유래했다. 재세례는 유
아 세례를 받은 사람도 진정한 기독교인으로 태어나기 위해 다시 세례를
받는다는 말에서 왔다. 재세례교 운동은 급진적인 성격으로 인해 기존의
사회를 뒤흔들어 놓았으며 가톨릭은 물론 다른 개신교로부터도 심한 박해
를 받았다.

침례교는 초대 교회의 신앙생활을 모범으로 삼았으며 유아 세례를 반대
했다. 어떠한 압박에도 폭력으로 저항하지 않는다는 무저항주의였으며, 교
회에 대한 국가 지배를 반대했고 국가에 대한 세금 납부를 거부했다. 예정
론을 배격하고 스스로의 힘으로 구원받을 수 있다고 주장했으며 그리스도
의 산상 설교(갈릴리 호숫가의 산 위에서 기독교인으로서의 덕행에 관해 행한 설교)나 말
씀을 문자 그대로 따르려고 노력했고 단순한 예배를 드리고 의식적인 신앙
생활을 했다.

2) 메노나이트교

재세례교에서 유래했다는 점에서 침례교와 그 뿌리를 같이한다. 기존의
교회와 국가의 모진 박해를 피해 미국과 캐나다로 건너간 재세례교의 일

부가 메노나이트교다. 북독일과 스위스에서 시작되었지만 미국에 가장 많이 살고 있다. 이들은 선교와 교회의 확장 대신 스스로를 지키려는 보존 지향적인 신앙과 삶을 추구한다. 그래서 외부 세계로부터 스스로를 고립시키며 생활한다. 말도 몇 세기 전 북독일의 사투리를 계속 쓰고 외모와 복장도 다른 집단과 구별된다. 대가족 제도를 지키며 자녀들도 공동체가 함께 키운다. 또한 국가가 제공하는 고등 교육을 받지 않으며 자신들이 만든 학교에서 아이들을 가르친다. 어떤 종류의 전쟁도 거부해서 양심적 병역 거부를 일관되게 실천하고 있다. 역사적으로 보면 최초로 노예제를 반대했고 인종 차별과 계급 차별 또한 반대했다.

3) 퀘이커교

'친우회' 혹은 '친구들의 교회'로 불리며 17세기 중반 영국과 식민지 아메리카에서 일어난 기독교 집단이다. 창시자인 조지 폭스(George Fox)는 그리스도가 직접 가르치고 인도한다는 점, 특별한 건물이나 안수 받은 성직자가 필요 없다는 점, 그리스도의 가르침을 생활 전체에 적용해야 한다는 점 등을 강조했다. 초기 퀘이커교 신도들은 어떤 종류의 의식이나 사전 준비 없이 설교자도 정하지 않고 예배를 드렸다. 퀘이커교가 영국 북부에 널리 퍼진 뒤 런던, 스코틀랜드, 아일랜드, 북아메리카로 번져 갔지만 기존의 기독교 예배 양식과 다르다는 이유로 박해를 받았다. 퀘이커교는 형제단이나 메노나이트교와 함께 역사적으로 평화를 추구하는 교회로 널리 알려져 있으며 전쟁이 하느님의 뜻과 반대된다고 꾸준히 주장해 왔다. 퀘이커교는 여러 세대에 걸쳐 노예제 철폐, 여성들의 권리 신장, 금주령, 사형 제도 폐지, 형법 개혁, 정신병자의 보호 등을 주장했다.

8. 청교도

퓨리턴이라고도 한다. 1559년 엘리자베스 1세(Elizabeth I)가 내린 교회에 대한 통일령(영국 국교회의 예배와 기도, 의식 등을 통일하기 위해 제정한 법률)에 순종하지 않고 영국 국교회 내에 존재하고 있는 일체의 로마 가톨릭적인 의식과 제도를 배척하며 칼뱅주의에 입각해 투철한 개혁을 주장했다. 엄격한 도덕성, 주일의 신성한 엄수, 향락적인 행동의 금지 등을 강조했다. 제임스 1세(James I)와 찰스 1세(Charles I) 때에 비국교도로서 심한 박해를 받고 네덜란드와 다른 지역으로 피신했다. 그중에서도 신대륙 아메리카의 플리머스로 가서 정착한 메이플라워호의 순례자들인 '필그림 파더즈(Pilgrim Fathers)'가 가장 유명하다. 이들은 신대륙이라는 특수한 환경에 미국적인 특성을 가진 청교도 정신을 발전시켰다.

이 청교도 정신이 미국 사회를 이끄는 기본 정신이 되었다. 이들은 종교와 정치에 불만을 품고 신대륙에 이주했기 때문에 종교 개혁에 투철했으며, 스스로가 특별한 은총을 입었다는 선민 의식도 강했다. 청교도들은 인간의 영혼과 정의에 대한 믿음을 지켰고, 개인 생활에서도 도덕적인 삶을 살려고 했다. 또한 인간의 지식이란 애매하고 연속성이 없으며 모든 면에서 철저하지 못하기 때문에 오직 신앙만이 우주를 이해하려는 인간을 만족시킬 수 있다고 보았다. 그리고 선택받은 사람이 누리는 부귀, 능력, 가문 등은 신이 내려 준 것이므로 선택받은 사람으로부터 사회적·정치적 지배권을 빼앗는 것은 신에 대한 저항이라고 보았다. 이러한 사상을 바탕으로 성장한 청교도는 뉴잉글랜드 지방을 중심으로 강력한 주정부를 조직했고 엄격하게 범죄를 단속했다.

18세기 말에 이르러 뉴잉글랜드 지방의 사람들이 서부로 진출하게 되면서 청교도 정신은 변화를 겪는다. 대자연에 맞서 살아 나가야 하는 냉혹한 상황 속에서 '프런티어 정신'이라고 부르는 개척 정신이 새롭게 추가되었다. 이렇게 청교도 정신은 미국의 국민성을 대표하는 정신으로 성장했고, 개인주의·현실주의·합리주의 혹은 개성을 존중하는 성향 등이 청교도 정신의 내용을 이룬다. 이후 청교도 정신은 19세기 후반에 이르러 노예 제도와 음주 등을 폐지해야 한다는 사회 개혁 운동으로 확산되기도 했고, 남북 전쟁 뒤에는 도덕적 설교보다 엄격한 법률 제정을 통한 사회 개혁을 지향하기도 했다.

| 일러두기 |

1. 이 책은 Max Weber, 《The Protestant Ethic and the Spirit of Capitalism》(T. Parsons 역, Routledge, 2002)
   을 기본 텍스트로 하고, 국내 번역본 중에서는 《프로테스탄티즘의 윤리와 자본주의 정신》(이종오 옮
   김, 계명대학교출판부, 2001)과 《프로테스탄티즘의 윤리와 자본주의 정신》(박성수 옮김, 문예출판사, 1996)과
   《막스 베버의 학문과 사상》(이종수 편저, 한길사, 1985)을 참고하였다.
2. 《프로테스탄트 윤리와 자본주의 정신》은 원래 2부 5장(1부 3장과 2부 2장)으로 구성되어 있는데, 이 책
   에서는 전체적인 내용의 흐름을 쉽게 이해할 수 있도록 내용에 따라 2부의 1장을 다시 네 개의 절
   로 나누어 재구성하였다.
3. 원문의 각주는 내용 이해에 필요한 경우 본문으로 옮겨 서술하였다.

제1부 | 문제 제기

Die protestantische Ethik
und der Geist des Kapitalismus

Die protestantische Ethik und der Geist des Kapitalismus

제1부 문제 제기

《프로테스탄트 윤리와 자본주의 정신》은 1904년과 1905년, 두 번에 걸쳐 발표된 논문을 묶은 책으로 먼저 발표된 것을 1부로, 나중에 발표된 것을 2부로 구성했다. 제1부는 '문제 제기'라는 제목을 달고 있는데 베버가 앞으로 말하려는 주제에 대해 개괄적으로 다루고 있다.

제1부는 전체 3장으로 구성되어 있으며 제1장에서 베버는 어떤 신앙과 그 신앙을 가진 사람의 사회적 계층이 서로 관련이 있는지에 대한 물음을 던진다. 제2장에서는 베버가 탐구하고자 하는 자본주의 정신의 순수한 이념 형태가 무엇인지를 밝히고 제3장에서는 프로테스탄트의 근원이 된 루터의 직업 사상에 대해 살펴본다. 이렇게 베버는 제1부에서 프로테스탄트 윤리가 어떻게 초기 자본주의 정신의 밑바탕이 될 수 있었는가 하는 기본적인 문제 제기를 하고, 제2부에서 본격적으로 자신의 주장을 입증할 수 있는 자료와 내용을 제시한다.

1. 신앙과 사회적 계층화

　베버는 논문을 시작하는 이 첫 장에서 자신이 어떤 문제에 대해 다루려고 하는지 밝히고 있다. 베버가 어떤 지역의 종교와 직업에 관한 통계를 통해 주목한 것은 "자본가와 기업가들, 특히 근대 기업의 숙련된 상급 노동자와 관리자 계급 대부분의 사람들이 프로테스탄트"라는 점이었다. 즉, 베버는 신앙과 계층 사이에 어떤 관계가 있는지에 주목한 것이다. 그러면 이런 관계는 무엇을 의미하는 것인가? 역사적으로 추적해 보면 16세기 초 초기 자본주의가 발전했던 중심지들 중 일부가 프로테스탄트를 새로운 종교로 받아들였던 곳이었음을 알 수 있다. 이런 현상에 대해서는 다음과 같이 쉽게 설명할 수 있다. 즉, 일반적으로 자본주의가 발전했던 중심지들에서는 종교 개혁을 통해 낡은 전통의 껍질을 벗도록 했으며, 특히 경제적 전통으로부터 벗어날 수 있었다는 것이다.

　그러나 종교 개혁을 통해 교회의 통제에서 벗어나게 했다고 보는 것은 매우 잘못된 견해다. 사실상 신자들의 일상생활에 대한 가톨릭 교회의 감독은 느슨한 것이었다. 오히려 프로테스탄트로 개종을 하면서 가톨릭이 요구했던 것보다 훨씬 더 심한 행동의 규제를 받았다. 따라서 프로테스탄트들은 가톨릭 신자들보다도 휴식이나 향락, 오락 등에 대해 더 단호하고 엄격한 태도를 취해야 했다. 이 점은 특히 칼뱅교에서 더욱 심하게 나타났다. 그렇기 때문에 베버는 만일 우리가 프로테스탄트와 경제적 발전 사이의 관계를 설명하고자 한다면 프로테스탄트 신앙이 지닌 특유한 성격을 살펴보아야만 한다고 말한다.

왜 초기 자본가들은 프로테스탄트를 믿었을까?

　가톨릭과 프로테스탄트를 신앙으로 가진 사람들이 섞여 살고 있는 지방의 직업 통계를 살펴보면, 한 가지 현상이 눈에 띄게 나타난다. 그것은 소위 부자라고 불리는 자본가와 기업가들, 특히 근대 기업의 숙련된 상급 노동자와 관리자 계급 대부분의 사람들이 프로테스탄트라는 점이다. 이 점은 가톨릭 신문이나 여러 문헌에서도 지적되었으며 독일 가톨릭 회합에서도 활발하게 토론되었다. 만일 이러한 현상이 독일과 폴란드 사람들이 섞여 살고 있는 독일의 동부에서만 발견된다면, 그것은 순전히 가톨릭과 프로테스탄트라는 종파의 차이라기보다는 독일 민족과 폴란드 민족이라는 두 민족의 차이, 또는 두 문화 사이의 발전 수준 차이라고 해석될 수도 있을 것이다. 그러나 자본주의가 발전하기 시작한 거의 모든 지역에서 프로테스탄트가 경제 활동에서 우위를 차지하는 현상이 명확히 나타났다.

　자연 조건이나 교통 여건이 좋아서 경제적으로 발전한 여러 지역들, 그중에서도 특히 부유한 대다수의 도시들은 이미 16세기에 프로테스탄트로 개종했다. 이는 결과적으로 경제적 생존 경쟁에서 유리하게 작용했다. 여기에서 우리는 다음과 같은 역사적 질문을 던지게 된다.

　'경제적으로 가장 발전된 지역이 종교 개혁을 받아들였던 것은 어

떤 이유에서인가?'

이에 대한 대답은 생각처럼 간단하지가 않다.

종교 개혁은 자유가 아닌 구속의 강화

우선 생각해 볼 수 있는 대답은 이렇다. 경제적 전통주의에서 벗어난 것이 종교의 전통을 의심하고 권위를 거부하는 경향을 뒷받침하는 한 계기가 되었을 것이라는 점이다. 그러나 여기서 우리가 잊지 말아야 할 것이 있다. 이른바 종교 개혁이란 삶 전반에 대한 교회의 지배가 끝났음을 뜻하는 것이 아니라, 교회의 지배 형식이 다른 새로운 형식으로 바뀌었음을 뜻한다. 종교 개혁 이전에는 교회의 지배가 아주 편안하고 거의 느낄 수 없을 정도로 형식적이었는데, 종교 개혁 이후에는 개인 생활과 사회생활 전부를 포함해 모든 생활에 대해 교회가 엄격히 규제했다. 따라서 종교 개혁은 개인에 대한 매우 엄격하고도 광범위한 교회의 지배를 의미한다고 하겠다.

대표적인 프로테스탄트의 하나인 칼뱅주의는 16세기 제네바와 스코틀랜드, 그리고 16세기 말부터 17세기 초까지의 네덜란드 대부분 지역과 17세기 뉴잉글랜드에서 세력을 형성했으며 17세기 영국에서마저 일시적이나마 세력을 얻었다. 칼뱅주의는 개인에 대한 교회의 지배가 가장 엄격하고 철저했다. 그래서 네덜란드, 영국, 제네바 등지의 오랜 귀족 계급들은 칼뱅주의가 감당하기 힘들다고 여겼다. 솔직히 경제적으로 발전한 지역에서 종교 개혁가들이 일제히 비난하고 나섰던 것은 일상생활에 대한 교회와 종교의 지배가 지나친 것이 아니라 너무 부족하다는 점이었다.

그렇다면 도대체 왜 경제적으로 발전된 나라에서, 그것도 경제적으로 크게 성장하고 있던 중산층의 시민이 프로테스탄트의 지배를 받아들였을 뿐만 아니라 이를 수호하려는 영웅주의까지 만들어 냈던 것일까? 스코틀랜드의 문필가인 칼라일이 '우리들 최후의 영웅주의'라고 불렀던 지금까지 전혀 존재하지 않았던 영웅주의를 부르주아(도시에 사는 사람들이라는 뜻으로 자유업과 상업에 종사하는 도시가 발전하자 부르주아 역시 근대 정치·경제·사회의 핵심으로 등장함) 계급이 변호하고 발전시켰던 것은 어찌 된 일인가?

가톨릭 교도와 프로테스탄트의 학교 선택

프로테스탄트가 많은 자본을 소유하고 경제 활동에서 지배적 위치를 차지하고 있다는 사실을 어떻게 이해할 것인가. 이에 대해서 프로테스탄트가 부모로부터 많은 재산을 물려받았기 때문이라는 단순한 대답이 있는데, 이것만으로는 그 인과 관계를 설명할 수 없는 현상도 몇 가지 있다. 예를 들면 다음과 같은 경우다.

우선 바덴과 바이에른 그리고 헝가리에서 나타나는 현상으로, 프로테스탄트인 부모와 가톨릭을 믿는 부모 사이에는 각자가 자녀에게 행하는 중등 교육의 내용에서 분명한 차이가 있다. 초등학교 이상의 상급학교 학생이나 고등학교 졸업 시험을 치르는 수험생 중에서 가톨릭을 종교로 가진 학생이 차지하는 비율이 전체 인구 중 가톨릭을 종교로 가진 사람이 차지하는 비율에 비해 크게 떨어진다. 이러한 사실은 부분적으로는 앞에서 언급한 물려받은 재산의 차이로 설명할 수 있다.

하지만 고등학교 졸업 시험을 치른 학생들 중에서 가톨릭을 종교로 가진 학생들만을 관찰 대상으로 한정해 보더라도 프로테스탄트 학생들과는 분명한 차이가 나타난다. 즉 실업고등학교, 상업학교, 고등공민학교처럼 영리 추구 활동을 위해 설립된 학교로 진학해 기술을 습득하든가 상공업 관련의 직업을 준비하는 학생들 중 가톨릭을 믿는 학생의 비율이 프로테스탄트 학생의 비율에 비해 많이 떨어진다는 사실을 주목할 필요가 있다.

반면에 가톨릭을 믿는 학생들은 인문계 학교가 제공하는 예비 과정에서 차지하는 비율이 높다. 이는 앞서 말한 물려받은 재산의 차이로는 설명되지 않는 부분이다. 오히려 이것은 가톨릭 계통 사람들이 자본주의의 영리 활동에 왜 적게 참여하는지를 설명하는 것으로 보인다.

가톨릭 교도와 프로테스탄트의 직업 선택

근대적 형태인 대기업의 숙련공 중 가톨릭 교도의 비율이 낮은 이유를 설명할 수 있는 분명한 사실이 있다. 일반적으로 공장에서는 필요한 숙련공의 대부분을 수공업에 종사하는 젊은이들로 충원한다. 즉, 수공업에서 노동자들을 숙련하고 숙련이 끝나면 이들을 공장으로 데려가는 것이다. 이런 현상은 가톨릭 교도인 수공업 도제들보다는 프로테스탄트의 경우에 더욱 뚜렷이 나타난다. 수공업 도제들 중에서 가톨릭 교도인 경우 그냥 수공업에 머물러 수공업 장인이 되는 경향이 강한데 반해, 프로테스탄트인 수공업 도제들은 공장에 들어가 숙련 노동자가 되거나 경영 관리직의 상층부를 차지하는 경향이 강하다. 이로써 다음과 같은 인과 관계가 있음이 더욱 분명해진다. 즉 개인이 습득한 정신적 특성, 특히 출신 가정과 고향의 종교적 분위기를 통해 형성된 교육의 방향이 직업의 선택뿐만 아니라 이후의 진로 선택을 결정하는 것이다.

독일의 경우 가톨릭 교도들은 프로테스탄트에 비해 수적으로 소수 집단에 속한다. 그러면서도 근대적 영리 활동에 참여하는 비율이 낮다는 점은 역사적·경험적 사실과 반대되기 때문에 더욱 주목된다. 민족적 또는 종교적으로 어떤 지배 집단에 의해 지배당하는 위치에 놓여 있는 소수의 집단은 정치적으로 영향력 있는 자리에 접근할 기회를 빼앗기게 된다. 따라서 보다 강렬하게 영리를 추구하는 삶을 선택하는 경우가 많다. 뛰어난 재능을 가졌지만 지배당하는 집단에 속한 이들은 관직으로 실현될 수 없는 공명심을 영리 활동의 세계에서 만족시키는 것이다. 이와 관련해서는 러시아와 프로이센의 지배 아래 있던 갈라시아의 폴란드 사람들, 프랑스 루이 14세 치하의 위그노교 신도, 영국의 비국교도와 퀘이커교 신도, 그리고 무엇보다도 유태인의 2천 년 역사를 통해서 그 사실을 살펴볼 수 있다.

하지만 독일의 가톨릭 교도에게는 이 현상이 뚜렷이 나타나지 않고 있다. 반면에 프로테스탄트, 특히 이후에 언급할 특정 교도들은 이들이 지배 계층이건 지배를 받는 계층이건, 혹은 사회의 다수건 소수건 간에 경제적 합리주의를 지향하는 독특한 경향을 보였다. 이는 가톨릭 교도들이 과거 어떤 경우에도 합리주의를 지향하는 경향을 보이지 않았고 지금도 그러한 것과는 대조된다. 따라서 이렇게 행동의 차이를 낳는 원인은 각각의 종파가 처한 그때그때의 외적인 이유 즉, 역사적·정치적 상황에서가 아니라 지속적으로 작용하는 내적 특성에서 찾아야 한다. 그런 까닭에 이제 우리가 당면한 문제는 바로 프로테스탄트의 어떤 종파적 특징과 요인이 경제적 합리주의 성향을 만들어 냈고 또 일부는 현재에도 만들어 내고 있는가를 밝혀내는 것이다.

프로테스탄트에 대한 오해

사람들은 겉으로 보이는 모습과 몇 가지 인상을 통해 가톨릭과 프로테스탄트의 차이를 말하기도 한다. 즉 가톨릭은 비세속적인 성격이 강하며, 금욕이 이들의 최고 이상이기 때문에 세상의 재물에 대해 상대적으로 무관심한 태도를 보인다고 생각하는 것이다. 이러한 설명은 오늘날 두 종파를 비판하는 일반적인 견해와도 일치한다. 즉 프로테스탄트 측에서는 실질적이든 말뿐이든 가톨릭 교도의 생활 방식에서 실천되는 금욕적 이상을 비판하는 데에 이용하며, 또 가톨릭 측에서는 프로테스탄트로 인한 삶의 세속화와 물질주의를 비난하면서 공격하는 데 이용한다.

현대 작가 중 한 사람인 오펜바하는 자본주의적 영리 행위에 대한 두 종파의 태도에서 드러나는 차이점을 다음과 같이 규정했다.

"가톨릭은 영리 충동이 적기 때문에 평온하다. 위험하고 자극적인 생활을 통해 명예와 부를 추구하기보다는 수입이 적더라도 안정된 삶을 추구한다. 익살맞은 속담의 하나로 '잘 먹을 것인가 아니면 발 뻗고 잘 것인가.'라는 표현이 있다. 두 신앙의 차이를 비유하자면 프로테스탄트는 잘 먹으려고 노력하는 쪽이고, 가톨릭은 발 뻗고 자려는 쪽이라 할 수 있다."

실제로 잘 먹는다는 표현은 교회에 무관심한 오늘날 독일의 프로테스탄트를 부분적으로는 정확하게 나타내고 있다고 하겠다. 그러나 과거에는 상황이 달랐다. 영국과 네덜란드 그리고 미국의 청교도에서 나타난 가장 큰 특징은 세속적인 쾌락과는 정반대되는 것이었다. 그뿐만이 아니었다. 프랑스의 프로테스탄트 역시 이러한 칼뱅주의의 특징을 상당히 오래 그리고 지금도 여전히 간직하고 있다. 그럼에도 불구하고, 아니 어쩌면 바로 그런 이유 때문에 프로테스탄트는 프랑스 산업과 자본주의 발전의 가장 중요한 담당자였고 종교 박해를 이겨낸 프로테스탄트의 일부는 지금도 그런 역할을 담당하고 있다.

이처럼 엄숙함과 강력한 종교적 관심이 생활을 지배하는 것을 '비세속성'이라고 부른다면, 프랑스의 칼뱅주의자들은 과거와 현재를 막론하고 북독일의 가톨릭처럼 비세속적이다. 북독일의 가톨릭 교도는 세계 어느 민족에서도 그 유례를 찾아볼 수 없을 정도로 신앙을 생활의 중심에 두는 사람들이다. 그리고 프랑스의 칼뱅주의자들과 북독일의 가톨릭 교도들은 자신의 나라에서 지배적인 종교의 흐름과 구분된다는 점에서도 공통된다. 이에 비해 프랑스의 지배적 종파인 가톨릭의 하층은 극히 향락적이고 상층은 직접적으로 반종교적이다. 또 독일의 지배적 종파인 프로테스탄트는 영리 생활을 추구해 경제적으로 번영하고 있으며 그 상층은 종교에 대한 무관심이 뚜렷하다.

금욕주의와 영리 추구의 상관관계

이러한 사례는 가톨릭이 비세속적이라든지 프로테스탄트가 물질주의적이며 세속적 쾌락을 추구한다는 애매한 말로는 결코 이 연구 과제를 해결할 수 없다는 것을 의미한다. 이런 식의 단순하고 성급한 일반화는 현재에도 그리고 과거에도 전혀 들어맞지 않기 때문이다. 이런 일반화를 계속하려 한다면 앞서 말한 것 외에도 반대되는 많은 사실들과 부딪히게 될 것이다. 예를 들면 비세속성, 금욕, 종교적 경건함을 따르는 것과 자본주의적 영리 추구 활동에 참여하는 것이 전적으로 대립한다기보다는 오히려 긴밀한 연관성을 지니는 것은 아닐까 하는 생각마저 들지도 모른다.

우리가 관찰할 수 있는 몇 가지 사실을 보더라도, 가장 신앙심이 깊은 기독교 분파의 대표자들 중 대부분이 상인 계층 출신이다. 특히 열렬한 경건주의 신도들은 그 대다수가 상인 계층 출신이다. 이에 대해서는 그들이 가진 내면의 본성이 상인 직업에 맞지 않았기 때문에 돈을 최고의 것으로 여기는 배금주의에 대한 반작용으로 종교에 대한 열렬한 신앙심이 나타났다고 볼 수도 있다. 또한 성 프란체스코(청빈과 사랑을 바탕으로 프란체스코회를 조직한 가톨릭의 성인)의 경우를 비롯해 다른 많은 경건주의자들이 스스로 자신들의 개종 과정을 이와 같이 설명하기도 했다. 마찬가지로 세실 로즈(영국의 유명한 기업가)에 이르기까지 자본주의 기업가 중 많은 사람들이 목사 집안 출신이라는 특이한 현상도 그들이 청소년기에 받았던 금욕적 교육에 대한 반항심으로 설명할 수도 있을 것이다.

그러나 이런 방식의 설명은 한계를 가진다. 가장 철저한 경건성과 함께 뛰어난 자본주의적 영리 감각, 이 두 가지를 한 개인이나 집단이 동시에 소유하는 경우를 설명할 수는 없기 때문이다. 이 두 성향이 공존하는 것은 역사상으로 볼 때 모든 주요 프로테스탄트 교회와 그 분파 집단에서 공통적으로 나타난 특징이었다.

프로테스탄트 종파의 활약

특히 이러한 특성을 잘 보여 주었던 것은 칼뱅주의였다. 칼뱅주의는 종교 개혁이 전파되던 시기의 다른 모든 프로테스탄트 종파와 마찬가지로 어떤 나라의 특정 계급과 결합되지 않았다. 그런 까닭에 프랑스 위그노 교회의 개종자들 가운데는 가톨릭 수도자와 상인, 그리고 수공업자 같은 기업가들이 수적으로 많았으며 박해의 시기에도 여전히 그랬다. 이런 사실은 특징적인 동시에 어떤 의미에서는 전형적인 사실이었다. 이미 스페인 사람들은 네덜란드의 칼뱅주의가 상업 정신을 고취시켰음을 알고 있었다. 이 점에 대해 고타인(독일의 경제학자)은 칼뱅주의자들의 거주 지역이 '자본주의의 싹을 기른 못자리'라고 지적했다. 17세기 프랑스에서도 사정은 마찬가지였다.

칼뱅주의는 독일에도 이와 같은 영향을 분명하게 미쳤다. 다른 교파들에 비해 특히 개혁 종파(칼뱅주의와 츠빙글리주의)는 독일의 여러 지방에서 자본주의 정신의 발전에 이바지한 것으로 여겨진다. 또한 신학자 버클과 영국의 시인 키츠는 스코틀랜드에서 개혁 종파와 자본주의 정신의 관계를 강조했다. 더욱 놀라운 사실로서 프로테스탄트의 많은 교파에서 나타나는 종교적인 생활에 대한 규제와 영리 감각의 발전이 서로 관련되어 있다는 점은 널리 알려져 있다. 퀘이커교와 메노나이트교에서 나타나는 비세속성과 부유한 재산과의 관계도 앞서 말한 칼뱅주의의 특징과 공통된다.

퀘이커교가 영국과 북아메리카에서 했던 역할을 독일과 네덜란드에서는 메노나이트교가 맡았다. 군 복무 의무에 대한 메노나이트교 신도들의 절대적인 거부에도 불구하고 동프로이센의 빌헬름 1세가 메노나이트교 신도들을 산업의 필수 담당자로 여겨 보호했던 것은 앞의 사실들을 뒷받침하는 유력한 증거다.

마지막으로 경건주의의 경우를 살펴보자. 경건주의자들이 강렬한 신앙심과 함께 그에 못지않게 발달한 영리 감각을 성공적으로 잘 결합시켰다는 사실은 널리 알려져 있다. 이와 관련해서는 경제가 발전한 라인 지역의 상황과 칼프(독일 남서부에 위치한 고품질의 직물 공업이 발달한 도시로 라인 강 등을 통해 네덜란드까지 목재를 운송하는 교통의 요지)를 보면 충분하다. 내가 궁극적으로 다루려는 문제의 논의로서의 이 글에서는 더 이상의 사례 제시가 필요하지 않으리라고 본다. 왜냐하면 지금까지 살펴본 몇 가지 사례만으로도 다음과 같은 사실을 충분히 지적할 수 있기 때문이다. 즉 '노동의 정신', 또는 '진보의 정신', 혹은 그 무엇으로 부르건 간에 프로테스탄트가 불러일으킨 이 정신은 결코 세속의 쾌락이나 계몽주의적인 가치로 이해해서는 안 된다는 것이다.

프로테스탄트 정신과 자본주의

우리가 초기 프로테스탄트 정신의 특징과 근대 자본주의 문화 사이의 내적인 연관성을 찾으려 한다면, 그 연관성이 많든 적든 간에 물질주의적이거나 반금욕적인 세속성에서 찾을 것이 아니라 초기 프로테스탄트의 순수한 종교적 성격에서 찾아야 할 것이다. 몽테스키외(18세기 프랑스의 계몽주의자)는 자신의 저서인《법의 정신》에서 이렇게 말했다.

"영국 사람들은 세 가지 면에서 세계의 어느 민족도 미치지 못한 발전을 이룩했는데 신앙, 상업, 그리고 자유에서다."

영국이 상업 활동에서 우월했다는 점, 그리고 자유를 강조한 정치 제도에 잘 적응했다는 점이 혹시 몽테스키외가 인정한 경건한 신앙과 관련되어 있지는 않을까?

이렇게 문제를 제기하고 보니 막연하게 느껴지던 많은 사실과 관계들이 우리 앞에 뚜렷이 나타난다. 이제 우리에게 남겨진 과제는 지금까지 막연하고 분명하지 않게 떠오르던 관계를 명료하게 정식화하는 것이다. 물론 이러한 작업은 모든 역사적 현상에 있기 마련인 무한한 다양성 속에서 이루어질 것이다. 그렇지만 이러한 작업이 가능하기 위해서는 우리가 지금까지 다루었던 일반적인 개념이 지닌 애매하고 불분명한 점들을 분명히 파악해야 한다. 이제부터는 다양한 기독교 신앙들이 가진 종교 사상의 특징과 차이점들을 자세히 파고

들어야 한다. 하지만 이에 앞서 한두 가지의 언급이 필요하다. 그 하나는 역사적 설명이 필요한 연구 대상의 특성에 대한 것이고, 다른 하나는 이 연구의 범위 안에서 연구 대상에 대한 이해와 설명이 어떻게 가능한가 하는 점이다.

2. 자본주의 정신

베버는 제2장에서 자신이 말하고자 하는 자본주의에 대해 밝히기 위해 경제적 전통주의, 즉 근대 자본주의 이전의 경제 형태와 근대 자본주의를 비교 분석한다. 베버는 프로테스탄트 신앙이 그 이전의 종교 형태와 중요한 측면에서 서로 다른 것처럼, 근대 자본주의 역시 그 이전의 노동 활동이나 자본가적 활동과는 구분되는 근본적인 특징이 있다고 보았다. 베버는 근대 자본주의 특징을 이렇게 말한다.

"근대 자본주의는 엄격한 계산에 토대를 둔 합리성과 경제적 성공에 대한 예측 및 조심성을 갖는다. 이것은 농민들의 일상생활과는 분명히 대조적이며, 길드 수공업자의 특권적 전통주의, 그리고 정치적 기회를 독점하려 하고 비합리적인 투기를 지향하는 모험적 자본주의와도 마찬가지로 대조되는 특성이다."

근대 자본주의 기업의 가장 중요한 특징은 이윤과 손실을 화폐 관계로 보고 이것을 합리적으로 계산하는 것이다. 바로 이 합리적인 회계야말로 고리대금으로 이득을 얻는 고리대 자본주의나 모험적 자본주의와 같은 이전의 자본주의적 활동과 근대 자본주의를 구분하는 결정적인 요소 중의 하나다.

또한 전통적인 노동자는 자신의 일상적 욕구를 충족시키기 위해 얼마만큼 일을 해야 할 것인가를 고려했다. 그러나 근대 자본주의 정신은 개인의 이익 추구에 기초를 두는 것이 아니라 의무로서의 일에 대한 자신의 엄격한 책임에 기초를 둔다. 따라서 정당한 경제적 활동을 통해 부를 획득하려는 헌신이 이를 통해 얻어진 소득을 개인적 향락에 사용하지 않으려는 금욕적인 태도와 독특하게 조화를 이루면서 근대 자본주의 정신을 특징짓는다.

프로테스탄트가 의무와 미덕으로서 '직업의 소명'을 신에게 자신의 신앙을 드러내는 증거라고 본 점은 프로테스탄트 특유의 종교적 가치에 뿌리를 둔 것이다. 따라서 모든 자연스런 향락을 엄격하게 억제하면서 더욱더 많은 돈을 획득하려고 하는 것은 그 자체가 순수한 신앙생활의 목적으로 생각된다. 이것은 개인의 행복이나 효용을 초월하는 매우 비합리적인 것으로 보인다. 이윤을 획득한다는 것은 더 이상 자신의 물질적 욕구를 만족시키려는 목적을 달성하기 위한 수단이 아니다. 이렇게 경제적 활동을 통한 부의 획득이 금욕적인 성격으로 바뀌면서 프로테스탄트 윤리는 초기 자본의 축적을 이끌고 자본주의를 발전시킨 주도 원리로 작용하게 된다. 이와 같이 베버는 초기 자본주의 정신의 탄생 원인으로 프로테스탄트 윤리를 제시한다.

자본주의 정신에 대한 정의

이 연구의 제목은 '프로테스탄트 윤리와 자본주의 정신'이다. 그렇다면 여기서 사용한 자본주의 정신이라는 말은 과연 무슨 뜻인가? 자본주의 정신에 대한 정의를 내리려고 할 때 우리는 이런 종류의 연구들이 안고 있는 어려움과 바로 마주치게 된다. 즉 정의를 내리기 위해서는 의미 있게 적용할 수 있는 오직 하나의 '역사적 대상'을 발견할 수 있어야 한다는 점이다. 따라서 우리는 전체를 이루고 있는 역사적 사실들 속에서 하나의 역사적 대상이 갖는 의미를 파악해야만 한다. 다시 말하자면 복잡하게 서로 관련되어 있는 역사적 사실들 속에서 개별적인 요소들이 어떤 연관을 이루고 있는지를 문화적으로 파악함으로써 각각의 구성 요소들을 밝혀내야 하는 것이다. 그리고 이를 바탕으로 해서 개념 규정을 점차적으로 이루어야 할 것이다.

따라서 어떤 개념에 대한 궁극적인 규정은 탐구의 처음이 아니라 마지막에 나와야 한다. 이 연구에서 자본주의 정신이라고 부르는 개념에 대한 최상의 정의를 하기 위해서는 우리가 관심을 갖고 있는 관점이 가장 적합하며, 논의의 과정에서나 논의의 결과로서 명확해야 한다. 물론 이러한 관점만이 역사적 현상을 분석할 수 있는 유일한 방법은 아니다. 모든 역사적 현상의 경우가 그러하듯 관점이 달라지면 또 다른 특징이 본질적 특징으로 간주될 수 있다.

그렇기 때문에 우리는 한 가지 관점에서 보아 본질적이라고 여겨지는 것만을 유일하게 자본주의 정신의 개념이라고 보는 것도 아니며 또 그럴 수도 없다. 바로 이 점이 역사적 개념 구성의 본질에 속한다. 이 개념 구성을 위해서는 개별적이고 구체적이며, 발생과의 연관을 파헤쳐서 현실을 분석하는 방법이 쓰인다. 그럼에도 불구하고 역사적으로 설명하고자 하는 대상을 확정하려 할 때에 중요한 것은 단순한 개념의 정의 문제만이 아니다. 그보다는 우선 그것이 뜻하는 바를 예를 들어 설명하는 것이 중요할 것이다. 여기에서는 자본주의 정신이 그 대상인 만큼 자본주의 정신이 드러난 글을 보게 될 것이다. 이 글은 거의 순수한 형태로 자본주의 정신을 담아내고 있다.

또 종교와 직접적 관련이 없다는 점에서, 그리고 우리의 연구 주제인 프로테스탄트 윤리와 자본주의 정신의 연관성이 전제되지 않았다는 점에서도 장점이 있다.

"시간은 돈이라는 것을 잊지 말라. 매일 일을 해서 10실링을 벌 수 있는 사람이 반나절을 빈둥거리거나 산책을 했다고 하면, 비록 그 사람이 오락을 위해서 6펜스만 썼다 하더라도 그 돈만 쓴 것이 아니다. 실제로 그 사람은 6펜스 외에 5실링을 더 쓴 것이 되며, 더 적절하게 말한다면 5실링을 내다 버린 셈이다.

신용이 곧 돈임을 잊어서는 안 된다. 누군가가 나에게 자신의 돈을 빌려 주고 갚을 기간이 지났음에도 찾아가지 않는다면 그 사람은 나에게 이자를 준 것이거나 혹은 그 기간 동안 그 돈으로 이득 보는 것만큼을 준 셈이다. 이렇게 신용이 좋은 어느 사람이 이를 잘 이용한다면 많은 액수의 돈을 벌 수 있을 것이다.

돈은 번식력을 가지며 결실을 맺는다는 점을 잊어서는 안 된다. 돈이 돈을 낳고 그 새끼는 또 새끼를 친다. 5실링을 잘 이용하면 6실링이 되고 다시 이를 잘 이용하면 7실링 3펜스로 늘어나서 나중에는 100파운드에 이르게 된다. 한 마리의 암퇘지를 죽이는 사람은 이 돼지가 뒤에 낳을 천 마리의 돼지를 같이 죽이는 셈이다. 1실링의 화폐를 없애는 사람은 이 돈이 벌어들였을 모든 것, 수천 파운드를 없애는 셈이 된다.

돈을 잘 갚는 사람은 모든 돈주머니의 주인이라는 속담을 잊지 말아야한다. 자신이 약속한 날짜에 정확하게 지불하는 것으로 잘 알려져 있는 사람은 친구들의 여윳돈을 언제 어떤 경우에나 빌릴 수 있다. 때로 이는 매우 유용하다. 근면, 검소와 더불어 모든 거래에서 정직과 시간을 지키는 것만큼 청년의 출세에 필요한 것은 없다. 따라서 당신이 빌린 돈은 약속한 시간보다 한 시간이라도 늦추지 말고 갚아라. 그러지 않을 경우 당신 친구의 지갑은 당신에게 영원히 닫혀 버리는 수가 있다.

신용에 영향을 주는 문제라면 아무리 사소한 일이라도 조심해야 한다. 당신의 채권자가 새벽 다섯 시나 저녁 여덟 시에 당신의 망치 소리를 듣는다면 그 사람은 기꺼이 당신에게 지불 기간을 6개월 더 연장해 줄 것이다. 그러나 일해야 할 시간에 당구장에 있는 당신을 보게 되거나 술집에서 당신의 목소리를 듣게 된다면 당신의 채권자는 다음 날로 당장 모든 빚을 갚으라고 독촉할 것이다. 이른 아침이나 늦은 저녁에 내는 망치 소리는 당신이 자신의 채무를 잊지 않고 있음을 알리는 것이며, 이는 당신을 성실하고 주의 깊은 사람으로 보이게 한다. 따라서 당신의 신용도 더욱 높아지는 것이다.

당신은 지금 지니고 있는 재산이 자신의 것이라고 생각하고 그에 따라 살려고 하지 말아야 한다. 이 점이 바로 빚을 지고 있는 사람들이 빠지기 쉬운 착각이다. 이를 막기 위해서는 당신의 수입과 지출을 정확하게 기록해야 한다. 항상 주의를 기울인다면 당신은 작은 지출이 모여서 얼마나 많은 돈이 되며 무엇이 절약되었고 또 앞으로 무엇을 절약할 수 있을지를 알게 될 것이다.

당신이 영리하고 성실한 사람으로 알려져 있다면, 당신은 1년에 6파운드를 가지고 100파운드의 가치로 쓸 수 있다. 날마다 10펜스를 낭비하는 사람은 1년에 6파운드를 낭비하는 것이며 이는 100파운드를 이용할 수 있는 기회를 버리는 것이다. 게으름을 피우며 5실링에 해당하는 시간을 낭비하는 사람은 5실링을 바다에 던져 넣은 것과 같다. 5실링을 잃는 사람은 단지 5실링만을 잃는 것이 아니라 그 돈을 사용해서 얻을 수 있는 모든 이익 즉, 젊은이가 노인이 될 때까지 계산한다면 엄청난 금액까지 잃는 것이다."

프랭클린 정신은 자본주의 정신의 이상형

위의 내용을 설교한 사람이 바로 벤저민 프랭클린이다. 프랭클린은 독특한 방식으로 '자본주의 정신'을 설교하고 있다. 물론 프랭클린이 말하는 설교에 자본주의 정신이 모두 들어 있다고 할 수는 없다. 《미국 문화의 모습》을 쓴 페르디난트 퀴른베르거(독일의 문학자로 재기와 독설로 가득 찬 필치로 쓴 《미국 문화의 모습》에서 프랭클린 정신을 '양키주의의 신앙 고백'이라고 조롱함)는 "소에게서는 지방을 짜내고, 사람에게서는 돈을 짜낸다."라는 말로 프랭클린의 처세 철학을 요약했다. 프랭클린의 처세 철학을 좀 더 살펴보면, 신용이 있는 신사는 무엇보다 자본을 늘려야 할 의무를 자신의 삶의 목적으로 전제해야 한다는 특징을 가진다.

사실 프랭클린은 여기에서 단순히 처세술을 이야기한다기보다는 독특한 윤리를 설교하고 있는 것으로 보인다. 이를 어기는 것은 어리석은 짓일 뿐만 아니라 의무를 망각한 행위로 여겨진다. 바로 이 점이 교훈의 본질인 것이다. 프랭클린이 가르치고자 한 것은 단순한 '사업의 지혜'가 아니라 하나의 '에토스(지속적인 관습 또는 지속되는 정신적인 태도나 윤리)'며 바로 이것에 우리의 관심이 있다.

은퇴한 동료가 야콥 후거(독일의 유명한 은행가이자 자본가)에게 "이제 충분히 돈을 벌었으니 다른 사람에게 기회를 주고 나처럼 당신도 은퇴하는 것이 어떤가?"라고 했을 때 후거는 "나는 생각이 다르다. 나는 될 수 있는 한 돈을 더 벌겠다."라고 대답했다.

이러한 후거의 자세는 상인적인 모험과 후거 개인의 성품을 드러낸 것으로 도덕과는 무관하며 프랭클린의 자본주의 정신과도 분명히 구별된다. 프랭클린의 경우에는 윤리적인 삶을 살아가는 규범으로서의 성격이 표현되고 있다. 이 글에서는 바로 프랭클린이 말하는 의미로서의 자본주의 정신이라는 개념을 사용할 것이다. 물론 이는 근대의 자본주의 정신을 말한다. 왜냐하면 서구 유럽과 미국의 자본주의에 대해서만 언급하는 것이 문제 제기의 성격상 명확할 것이기 때문이다. 사실 자본주의는 중국, 인도, 바빌로니아 그 밖에 고대와 중세에도 존재했다. 그러나 이러한 자본주의에는 근대 자본주의에 나타나는 독특한 에토스가 결여되어 있었다.

한편, 프랭클린의 모든 도덕적 가르침은 공리주의(사회의 가장 많은 구성원이 가장 행복한 상태를 최상으로 보는 사상)의 색채를 띤다. 정직은 신용을 가져오기 때문에 유용한 것이다. 시간 엄수, 근면, 절약도 마찬가지며 그렇기 때문에 미덕이다. 이상을 종합해 볼 때 단지 정직한 척하는 것만으로도 정직한 것과 동일한 효과를 가져올 수 있다면 그것으로 충분하다는 추론이 가능하다. 따라서 그 이상으로 미덕을 행한다는 것은 프랭클린에게 비생산적인 낭비로 보였을 수도 있다는 주장 또한 가능하다. 실제로 프랭클린의 자서전에서 신의 계시에 의해 진실, 정직, 공정이 인간의 행복을 위해 가장 중요함을 깨달았다는 이야기라든지 다른 사람의 인정을 받기 위해서는 겉모습을 겸손하게 유지하고 자신의 이익을 내세우지 않는 것이 유익하다고 설명한 부분을 읽다 보면 이러한 결론을 내리지 않을 수 없다.

프랭클린이 생각한 미덕은 구체적으로 개인에게 유용성을 주는 한에서만 인정되며 가장된 태도가 똑같은 효과를 줄 수 있다면 그것으로도 충분한 것이다. 이 점은 바로 엄격한 공리주의의 불가피한 결론이다. 독일 사람들이 아메리카니즘(미국 사람들이 중시하는 기질 및 태도로 미국의 문화적 특징을 말하며, 미국 정신이라고도 부름)이 내세우는 미덕을 위선으로 느끼는 것은 특히 이 점에 있다.

그렇지만 프랭클린이 자서전에서 보여 준 솔직한 모습이나 자신을 이끈 신의 계시를 통해 미덕의 효용성을 파악한 것으로 짐작해 볼 때, 프랭클린 정신은 단순히 자기중심적인 규범 이상임을 알 수 있다. 이 윤리의 최고 이상은 다음과 같다. 돈을 벌고 또 더 많은 돈을 버는 것이다. 그것도 마음대로 즐길 수 있는 모든 쾌락을 엄격히 물리치고 모든 감각적인 즐거움을 조금도 추구하지 않은 채 말이다. 영리 추구를 삶의 목적으로 정하고 있는 이런 태도는 개인의 행복 혹은 욕망을 초월해 어찌 생각하면 비이성적으로도 보인다. 여기서 강조한 것은 돈벌이를 자신의 물질적 욕구를 충족시키는 수단으로서가 아니라 삶의 궁극적 목적으로 받아들여야 한다는 점이다.

냉정하게 말하면 이는 우리가 자연스럽게 생각하는 여러 관계가 바뀐 것으로 불합리하다. 하지만 이것이 자본주의의 추진 동기임은 확실하다. 솔직히 이런 사실들은 자본주의의 분위기를 접하지 못한 사람들로서는 이해하기 힘든 문제에 속한다. 또한 이것은 종교적 관념과 밀접하게 관련된 어떤 감정을 포함하고 있다. 따라서 우리가 "왜 인간에게서 돈을 짜내야 하느냐?"라고 프랭클린에게 묻는다면 프랭클린은 비록 자신이 이신론자(하느님의 존재를 인정하나 이 세계에 관여하지 않는다고 여기는 세계관을 가진 사람)지만 엄격한 칼뱅주의자였던 자신

의 아버지가 항상 가르침으로 들려주었던 다음의 성서 구절을 가지
고 이에 답할 것이다.

"네가 자신의 사업에 충실한 사람을 보았느냐. 이러한 사람은 왕 앞에
서리라(구약성서 〈잠언〉 22장 29절)."

근대 경제 조직 안에서 돈을 번다는 것은 합법적으로 추구되는 한
직업에 대한 성실성의 표시이자 그 결과인 것이다. 이와 같은 성실성
은 앞에서 인용했던 구절뿐만 아니라 프랭클린의 모든 저술에서 예
외 없이 나타나는 프랭클린 도덕의 전부라 할 것이다. 오늘날 우리
에게 너무나 잘 알려져 있으면서도 실제로 그 의미를 파악하기 까다
로운 이 직업 의무라는 독특한 관념은 자본주의 사회의 가장 특징적
인 사회 윤리인 동시에 어떤 의미에서는 우리 사회의 기본 토대를 이
룬다고 하겠다. 직업에 대한 의무 의식은 단순히 자신의 노동력을 사
용하는 직업이건 혹은 자본으로서의 재산을 이용하는 직업이건 간
에 각자가 자신의 직업 활동 내용에 대해 의식하고 있고 또 의식해야
한다는 의무 관념인 것이다.
　물론 직업에 대한 의무 의식은 자본주의라는 토대에서만 성장한
것이 아니다. 나중에 우리는 이 직업 의무의 원천을 더욱 먼 과거로
거슬러 올라가 연구하게 될 것이다. 물론 근대 자본주의 기업의 관

리자나 노동자가 이러한 윤리 규범을 간직하는 것이 오늘날 자본주의가 존재하기 위한 조건이라고 주장하는 것은 아니다. 오늘날의 자본주의 경제 질서는 어마어마하게 크다. 각 개인은 이 경제 질서 속에서 태어나며 살아갈 수밖에 없다. 이 질서는 개개의 인간이 시장과 관계를 갖는 한 어느 누구나 경제 행위의 규범을 따르도록 강제력을 행사하고 있다. 만일 어떤 제조업자가 이러한 규범을 거역하는 경제 행위를 오랜 시간 계속한다면 반드시 경제적으로 도태될 것임이 분명하다. 노동자의 경우 경제 규범에 적응하지 못하거나 혹은 적응하려 하지 않는다면, 그 역시도 실업자가 되어 거리를 헤매게 될 것이다.

이처럼 경제생활을 지배하게 된 오늘날의 자본주의는 환경에 적응하는 생물만이 살아남는 적자생존(適者生存)의 규칙을 통해 필요로 하는 경제 주체인 기업가와 노동자를 교육하고 선별한다. 그런데 우리가 적자생존이라는 개념을 가지고 역사적 현상을 설명하려고 할 때 갖추어야 할 것이 있다. 즉, 다른 것들 중에서 최적의 것으로 생존할 수 있었다고 말하려면 자본주의의 특성에 맞는 생활 태도와 직업관이 고립된 개개인이 아니라 인간 집단의 공통된 생활양식으로 성립되어 있음을 밝혀내야만 한다. 따라서 이러한 생활 태도와 직업관이 어떻게 탄생하게 되었는가를 설명하는 것이 무엇보다 우선되어야 할 것이다.

자본주의가 먼저인가 자본주의 정신이 먼저인가?

프랭클린이 태어난 매사추세츠에서는 우리가 여기에서 사용하는 의미의 자본주의 정신이 이미 자본주의 발전 이전에 존재했음이 확실하다. 뉴잉글랜드의 자본주의는 주변 남부의 다른 주들과 비교가 안 될 정도로 뒤떨어진 상태에 머물러 있었다. 실제로 남부의 식민지는 대자본가들이 사업을 목적으로 설립했지만, 뉴잉글랜드의 식민지는 선교사와 신학교 졸업자들이 소시민, 수공업자, 자영 농민들과 함께 종교적인 동기에서 설립했다. 어쨌든 이 경우에는 원인과 결과의 관계가 유물론(존재가 의식을 결정한다는 경제 결정론의 하나)의 관점에서 생각하는 것과는 반대로 나타난다.

그런데 우리가 지금까지 개념을 규정한 자본주의 정신은 여러 반대 세력들과의 투쟁을 통해 힘들고 어렵게 완성되었다. 우리가 인용한 프랭클린의 글에서 찾을 수 있는 이 정신은 고대나 중세에는 추잡한 탐욕이라거나 품위 없는 기질의 표현이라고 하며 배척되었다. 오늘날에도 자본주의 정신은 근대 자본주의 경제와 거의 관련이 없거나 혹은 자본주의에 잘 적응하지 못한 사회 집단들로부터 배척받고 있다. 그 이유는 흔히 사람들이 말하는 것처럼 자본주의 이전 시대에는 영리 추구의 충동을 몰랐거나 그런 충동이 발달하지 않았기 때문이 아니다. 또는 근대 낭만주의자들이 상상하는 것처럼 금전욕이 자본주의 영역 안에서보다 밖에서 덜하기 때문도 아니다.

자본주의 이전과 자본주의 사이의 정신적 차이는 금전욕의 정도에 있지 않다. 소유욕에 관한 한 중국의 정부 관리와 고대 로마의 귀족, 그리고 근대 농업 경영 지주 사이에는 아무런 차이도 찾아볼 수 없다. 또한 나폴리의 마부나 선원이 가졌던 금전욕과 같은 직업에 종사하던 아시아 사람들의 금전욕이나 남유럽과 아시아 여러 나라의 수공업자들이 가졌던 금전욕은 같은 직업을 가진 영국 사람들의 금전욕보다도 더욱 치열하고 훨씬 염치없는 뻔뻔스러운 형태로 나타나기도 했다. 돈벌이에서 절대적으로 자신의 이익만을 찾으려는 태도는 서양의 기준에 비추어 볼 때 자본주의 발전이 후진적인 지역의 특징이었다.

공장의 경영자라면 누구나 알고 있는 것처럼 이탈리아의 노동자들이 양심적이지 못한 점은 이탈리아 자본주의 발전에서 중요한 장애 요인의 하나였다. 자본주의는 규율을 지킬 줄 모르고 스스로 생각하고 결정하는 의지만 가진 사람들을 노동자로 사용할 수 없으며, 다른 사람과의 거래에서 약속을 지키지 않는 몰염치한 기업가를 필요로 하지 않는다. 그렇기 때문에 사회 제도의 차이점이 금전에 대한 욕망의 차이로 인해 생겨나는 것은 결코 아니다.

금전욕은 인류의 역사만큼이나 오래된 것이다. 베이라트가 쓴 《암스테르담의 상인》에 등장하는 네덜란드 사람인 선장은 "돛이 타는 한

이 있더라도 이익을 위해서라면 지옥에도 배를 띄우리라."라고 말했다. 이처럼 금전욕에 자신을 내맡겼던 사람들이 결코 근대 특유의 자본주의 정신을 수많은 사람들에게 확산시킨 것은 아니었다. 어떤 내적인 규범에도 얽매이지 않으며 수단과 방법을 가리지 않고 영리를 추구하는 행위는 역사상의 모든 시기에, 그리고 어디에서나 항상 있어 왔다.

전쟁이나 해적질, 그리고 규범에 얽매이지 않는 자유로운 상업 행위도 다른 민족이나 공동체 외부의 다른 집단에 대해서는 거침이 없었다. 동포라고 생각하는 공동체적 구성원 사이에서는 금지되었던 이익 추구 관련 행위들이 다른 외부 집단에 대해서는 대외적인 도덕으로서 허용되었다. 윤리의 제약을 받지 않으면서 이윤 획득의 기회를 얻으려는 모든 형태의 경제 조직들에서는 코멘다(자본가가 기업에 투자해 발생한 이익을 분배하는 일종의 위탁 계약), 조세 청부, 국가 채무, 전쟁, 궁정, 관리에 대한 금융 등과 같은 모험적 자본주의의 영리 행위가 존재했다.

이렇게 본다면 의식적으로 이윤을 추구하려는 절대적이고 몰염치한 모습이 가장 엄격하다고 말하는 전통주의와 공존하고 있었던 것이다. 그런 까닭에 전통이 붕괴되고 자유롭게 영리를 추구하는 기업이 점차 사회 집단 내부로 스며드는 과정에서도 이 새로운 현상은 윤리적으로 정당화되거나 장려되었다기보다 관용되어졌을 뿐이다.

이러한 사실은 영리 추구가 윤리적으로 문제 되지 않고 무관심하게 받아들여지거나 또는 실로 불쾌하고 유감스럽지만 불가피한 것으로 취급되었음을 보여 준다. 이는 모든 전자본주의 시대의 보편적인 윤리적 견해였을 뿐만 아니라 그 시대의 일반적이고 평균적인 사람들의 실제 태도였다는 점에서 몹시 중요하다. 여기에서 전자본주의라고 하는 것은 합리적 경영을 통한 자본의 증가와 합리적인 자본주의 형태의 노동 조직이 아직 경제 행위를 결정적으로 지배하지 못하고 있음을 의미한다.

자본주의 정신과 전통주의의 차이

윤리와 규범에 따른 특별한 생활 방식이라는 의미의 자본주의 정신이 제일 먼저 맞이해야 했던 적은 이전 시대의 생활 방식을 지키려는 전통주의였다. 전통주의에 관한 최종적인 정의를 내리려는 시도는 앞서 자본주의 정신과 마찬가지로 여기에서도 잠깐 미루도록 하자. 일단 우리는 몇 가지 사례를 통해 전통주의가 의미하는 것이 무엇인가를 알아보려고 한다.

먼저 노동자의 입장에서부터 시작해 보자. 근대적 기업가가 노동자로부터 최대한의 노동 성과를 올리는, 이른바 노동 집약도를 높이기 위해 사용하는 기술적 수단의 하나가 성과급 제도다. 예를 들어 농업의 경우, 수확기에는 특히 노동 집약도를 최대한 높일 것이 요구된다. 날씨가 좋지 않을 때에는 수확의 신속함이 이익과 손실로 바로 연결된다. 그리고 수익을 높이고 수확을 빠르게 하기 위한 경영자의 관심이 일반적으로 높아지기 때문에 경영자는 성과급의 인상을 통해 노동자들에게 짧은 시간 안에 많은 돈을 벌 수 있는 기회를 제공하고 이들의 노동 성과를 높이려고 한다.

그러나 여기에도 어려움이 따른다. 놀랍게도 성과급의 인상은 노동 성과를 높이기는커녕 오히려 같은 시간에 대한 노동 성과를 감소시키는 경우가 빈번하게 나타났다. 왜냐하면 성과급이 인상됨에 따라 노동자들은 하루의 생산량을 더 높인 것이 아니라 오히려 감소시키는 반응을 보였기 때문이다.

예를 들어 1모르겐(독일의 토지 단위)의 토지를 수확해 1마르크의 성과급을 받는 농업 노동자가 이제까지 하루에 2.5모르겐의 토지를 수확해 2.5마르크의 임금을 받았다고 하자. 그런데 성과급이 인상되어 1모르겐에 대해 1.25마르크의 성과급을 받게 된다면 그 노동자는 3모르겐의 토지를 수확해 3.75마르크의 임금을 받을 수도 있을 것이다. 하지만 그 노동자는 2모르겐의 토지를 수확해 종전과 같은 2.5마르크의 임금을 얻는 것으로 만족한다. 이 돈은 성서의 말씀대로 '그것으로 족한' 것이기 때문이다.

돈을 많이 버는 것보다는 전보다 적게 일하는 것이 노동자에게는 더 매력 있는 일인 것이다. 노동자들은 가능한 한 많이 일해 더 많은 돈을 벌려고 생각하기보다는 지금까지와 마찬가지의 보수를 얻기 위해서는 얼마나 일해야 하는가를 생각한다. 자신의 욕구를 충족시키는 데 만족하는 것이야말로 전통주의적 생활 태도의 한 예가 될 것이다. 인간의 본성에 따르면 앞으로도 지금까지 살아온 것과 같이 살려고 하고, 될 수 있는 한 많은 돈을 벌려고 하기보다는 지금까지처럼 살기에 충분한 정도의 돈을 벌려고 한다. 근대 자본주의가 노동집약도를 높여 생산성을 높이려고 시도하는 곳이라면 어디에서나 이런 완강한 전자본주의의 저항에 부딪혔다. 오늘날에도 노동자 계층이 후진적일수록 자본주의에 대한 저항이 더욱 완강하다.

앞의 예로 다시 돌아가 보면, 높은 임금을 통한 '영리 감각에 호소함'이 실패로 돌아간 곳에서는 정반대의 수단이 동원될 수 있다. 임금을 깎음으로써 지금까지의 수입을 보장받기 위해서는 노동자들이 더 많은 노동을 하지 않으면 안 되도록 하는 것이다. 단순하게 생각하면 낮은 임금과 높은 이윤은 서로 연관되어 있어서 임금을 많이 지불하면 그만큼 이윤이 감소되는 것이 확실하게 여겨진다. 실제로 자본주의는 초기부터 이 방법을 택해 항상 사용했다. 그렇게 해서 낮은 임금이 노동 성과를 높인다는 생각은 수백 년 동안 자본주의의 신조가 되었다. 이와 관련해 피터 더 라 꾸르는 "백성은 빈곤하기 때문에 일하고 빈곤한 한 일한다."라고 말했다.

낮은 임금 정책의 한계

그렇지만 언뜻 매우 확실한 듯이 보이는 이 수단도 한계가 있다. 자본주의가 발전하기 위해서는 낮은 임금으로 고용할 수 있는 필요한 인력보다 많은 인력이 노동 시장에 존재해야 한다. 그러나 대량의 '예비군'이 존재한다는 것은 경우에 따라 자본주의의 질적 발전, 특히 노동 집약적 경영 형태로 이행하는 데는 방해가 될 수 있다. 낮은 임금과 싼 노동을 결코 같은 것으로 보아서는 안 된다. 양적인 측면으로 보더라도 기본적 욕구마저 충족할 수 없는 불충분한 임금 상태에서는 노동 성과가 떨어질 것이며 결국은 가장 무기력한 인간만이 남게 된다.

경영자의 입장에서 보더라도 낮은 임금은 자본주의 발전의 저해 요소가 되고 있다. 특히 숙련된 노동이 필요한 상품을 생산하거나 값비싼 정밀 기계를 다루거나 고도의 집중력과 창의성이 요구되는 상품을 생산하는 일에서는 더욱 그러하다. 이 경우에는 낮은 임금이 전혀 이익을 가져오지 못하며 오히려 의도했던 것과는 정반대의 결과를 낳을 뿐이다. 여기에서는 작업 시간 중에 가급적 일을 편하고 적게 하면서도 돈은 종전과 같이 받을 수 없을까를 궁리하는 전통주의적인 태도는 곤란하다. 일 자체를 절대적으로 자신의 목적으로 여기는, 즉 소명으로 여기는 정신을 필요로 하기 때문에 높은 수준의 책임감이 필수적이다.

이러한 정신은 결코 저절로 주어지는 것이 아니다. 높은 임금이나 낮은 임금에 의해 직접적으로 발생되는 것 역시 아니다. 오직 지속적인 교육에 의해 이루어지는 결과인 것이다. 오늘날 이미 자본주의가 정착 단계에 이른 모든 나라들에서는 어떤 산업 분야에서나 책임감을 가진 노동자를 충원하는 일이 그리 어렵지 않다. 하지만 예전에는 이 모든 것이 지극히 어려운 문제였다. 그러므로 오늘날까지도 자본주의는 생성 단계에서 자신을 도왔던 강력한 후원자인 '의무로서의 직업의식'의 도움 없이는 그 목적을 달성하기 힘든 때가 종종 있다. 이 말이 무슨 뜻인지 다시 예를 들어 보자.

전통주의의 한계

발달이 되지 못한 전통적인 노동의 모습은 여성 노동자, 특히 미혼의 여성 노동자에게서 찾아볼 수 있다. 고용주들은 독일의 미혼 여성 노동자들에 대해 한결같이 불평을 털어놓는다. 그 내용을 들어 보면,

이들 여성 노동자들에게는 전통적으로 물려받은 노동 방식을 보다 실질적인 방식으로 바꾸려는 의지나 노력이 전적으로 결여되어 있다는 것이다. 새로운 노동 형태에 적응하고 이를 새롭게 배우며 작업에 정신을 집중하고 머리를 쓰려는 태도가 전혀 안 보인다는 것이다. 노동을 보다 쉽고 효율적으로 만들려는 모든 시도들은 노동자들의 완강한 몰이해에 부딪히게 된다. 성과급의 인상도 관습의 벽 앞에서는 소용이 없다.

반면 특정한 종교, 특히 경건주의의 배경을 가진 여성들의 경우에는 사정이 다르다. 이 점이 우리에게는 중요하다. 우리는 경제 교육의 효력이 성공적으로 나타날 가능성이 가장 높은 집단이 바로 이들이라는 이야기를 흔히 듣게 되며, 이는 여러 통계 조사들에 의해서도 검증되고 있다. 경건주의의 여성에게는 사고의 집중력과 노동을 의무로 여기는 매우 진지한 태도가 임금과 그 액수를 계산하는 엄격한 경제성과 결합되어 나타난다. 뿐만 아니라 작업 능률을 높이는 냉철한 극기심이나 자기 통제와도 상당히 굳게 결합되어 있음을 찾아볼 수 있다.

직업을 소명으로 받아들이는 것은 자본주의가 요구하는 바다. 노동을 자신의 목적으로 여기는 것은 종교 교육의 결과며, 전통주의의 옛 습관을 극복하는 최선의 길이기도 하다. 자본주의에 대한 적응 능력과 종교적인 계기가 서로 연관되어 있음은 오늘날 여러 가지 사례를 통해서도 짐작이 되지만, 자본주의 초기에 이러한 정신이 어떻게 형성되었는가를 묻는 것도 의미 있는 일이 될 것이다. 예를 들어 18세기 감리교 노동자들이 동료들로부터 질시와 배척을 받았던 이유는 무엇인가? 감리교 노동자들의 도구가 자주 파괴되었다는 보고에서도 그들이 배척받았음이 암시되는데, 이는 종교가 괴팍했기 때문만은 아니다. 당시 영국에는 더 극단적인 종파도 많이 있었다. 따라서 감리교 노동자들이 배척받은 이유는 그들이 가진 특별한 '노동 의욕'과 관련이 있었던 것이다.

좀바르트의 경제 원리 두 가지

이제 논의를 돌려서 자본주의 정신과 관련해 기업가의 경우를 살펴보자. 좀바르트는 자본주의의 기원에 관한 논의에서 경제의 역사를 움직인 두 가지 원리를 욕구 충족과 이윤 추구로 꼽았다. 즉, 경제 활동의 방식과 방향을 결정하는 것은 개인의 욕구 충족 정도에 있는가 아니면 그 한계를 넘어선 이윤의 추구와 이윤 획득의 가능성에 있는가에 따라서 구분된다는 것이다.

그런데 좀바르트가 '욕구 충족의 경제 체제'라고 이름 붙인 것은 얼핏 보기에도 이 책에서 '경제적 전통주의'라고 해석했던 것과 일치한다. 만약 '욕구'의 개념을 '전통적 수요'와 동일시한다면 둘은 일치한다. 그러나 자본의 정의를 어떻게 하느냐에 따라서 그 조직 형태상 자본주의적이라고 보아야 할 많은 경제 활동들이 이윤 추구가 아닌 욕구 충족의 경제 영역에 속하게 될 수도 있다. 또 기업가가 이윤을 목적으로 생산 수단을 구입하고 제품을 판매함으로써 자본(화폐 또는 화폐 가치를 가진 재화)을 회전시키는 형태의 의심할 바 없는 자본주의적 기업마저도 전통주의의 성격을 가질 수 있다. 이 같은 사례는 근대 경제사에서 일반적인 현상이었다.

자본주의와 자본주의 정신의 만남─기업가의 경우

일반적으로 말해서 자본주의 경제와 이를 이끌어가는 자본주의 정신은 서로 적절한 관계에 놓여 있다고는 하지만 결코 절대적 관계에 있다고 할 수는 없다. 그럼에도 불구하고 프랭클린의 경우처럼 직업을 통해 체계적이고 합리적으로 정당하게 이윤을 추구하려는 태도에 대해 우리가 '자본주의 정신'이라는 표현을 사용한다면 여기에는 역사적 근거가 있다. 이 정신은 근대 자본주의 기업이 자신에게 가장 적합한 형태임을 발견했으며, 반대로 자본주의 기업 역시 이 정신에서 비로소 가장 적합한 추진력을 얻을 수 있었던 것이다.

본래 자본주의 정신과 자본주의 기업은 별개의 것으로 분리될 수 있다. 사실 프랭클린은 비록 자본주의 정신으로 가득 찼으나 그 자신의 인쇄업은 형태로 보아 전통적 수공업과 아무런 차이가 없었다. 또한 여기서 우리가 자본주의 정신이라고 부르는 태도를 대표하는 근대 초기의 계층은 상업 귀족 계급의 자본주의 기업가가 아니라 당시 사회적 상승을 꾀하던 중간 계층이었다. 19세기에도 역시 자본주의 정신을 대표하는 사람은 조상 대대로 상업 재산을 물려받은 영국 리버풀이나 독일 함부르크의 상류 계층 신사가 아니라 미천한 처지에서 신분 상승을 꾀한 영국 맨체스터나 독일 라인란트, 베스트팔렌 지방의 많은 신흥 부자들이었다.

16세기의 상황도 별로 다르지 않았다. 당시에 새로 설립된 공업은 대부분 신흥 부자들에 의해 경영되고 있었다. 예를 들어 은행, 수출업, 대규모 소매업이나 가내 공업에 의해 생산된 상품들에 대한 선대업(자본을 소유한 상인이 수공업자에게 미리 돈을 지불하고 제품이 생산되면 판매하는 상업 형태) 등의 경영은 사실상 자본주의적 경영 형태로서만 가능한 것들이었다. 그럼에도 불구하고 이들은 전통주의 정신에 의해서 경영되고 있는 경우가 많았다. 대규모의 은행업과 해외 무역은 어느 시대를 막론하고 강력한 전통주의의 성격을 가진 독점과 조례의 기반 위에서 이루어졌다. 소매업의 경우에는―오늘날 자본도 없이 국가 보조에 호소하는 소규모 형태의 소매업이 아니다―이제 낡은 전통주의에 작별을 고하고 혁명을 진행하고 있었다. 이전의 선대업 형태를 타파한 것도 이런 변혁 과정이었는데, 잘 알려진 사실이지만 이들 혁명의 과정과 의미를 분명히 하기 위해 다시 구체적 예를 들어 보자.

선대 제도의 전통주의적 모습

오늘날 우리들이 파악하고 있는 바로는 19세기 중엽까지 적어도 유럽 대륙 섬유 공업의 여러 분야에서 선대업자의 생활은 매우 평온한 편이었다. 그 삶은 대략 다음과 같이 상상해도 될 것이다. 농민들은 자신이 만든 직물—아마포의 경우 대개는 자체 생산한 원료로 만들었다—을 가지고 선대업자가 살고 있는 도시로 와서 신중한 품질 검사를 받은 다음 그에 대한 값을 받았다. 한편 선대업자와 멀리 떨어져 있는 중간 상인들은 견본을 보고 온 것이 아니라 직물의 품질에 대해 사람들이 말하는 평을 듣고 먼 길을 여행해 왔다. 이들은 창고에서 직접 사거나 미리 주문했고 그에 맞추어 선대업자들이 농민에게 다시 주문하는 경우도 있었다.

처음에는 고객이 필요할 때마다 직접 오는 것이 일반적이었지만 점점 오랜 기간에 한번 오는 정도로 드물어졌다. 대신 통신이 사용되었으며 견본 발송이 점점 늘어났다. 영업 시간은 길지 않아서 하루에 보통 대여섯 시간 정도였다. 때로는 이보다 짧을 때도 있었고 바쁠 때는 조금 길어지기도 했다. 수입도 평범한 생활을 해 나갈 정도는 되었고 경기가 좋으면 재산을 모으기에도 충분했다. 선대업자 사이의 영업 방식은 대체로 일치했으며 고객들이 끊임없이 방문했기에 이들 사이의 경쟁은 비교적 평온했다. 선대업자들은 밤늦도록 함께 술을 마시며 동호인 모임을 갖고 친밀한 교제를 했으며 생활의 속도도 완만했기 때문에 이들 사이의 경쟁은 그다지 치열하지 않았다.

이상에서 살펴본 선대 제도는 모든 면에서 자본주의적 조직 형태를 갖추고 있었다. 선대업자들은 상인이나 기업가의 성격을 띠고 있었으며 기업 운영을 위해 자본이 투입되었다는 사실이나 경제 과정의 객관적 흐름, 그리고 장부 정리의 형식이 합리적이었다는 사실 등을 고려할 때 이는 명백하다. 그렇지만 정신의 측면에서 볼 때 이는 전통적 경제에 불과했다. 선대업자들의 전통적 생활 태도와 이윤율, 작업량, 그리고 사업 경영 방식과 노무 관리, 고객의 확보와 물건의 판매 방식 등에서 전통적 성격이 사업 경영을 지배했다. 이 모든 것들은 바로 선대업자들이 지녔던 에토스의 근거를 결정했던 것이다.

자본주의 기업가의 출현

그런데 갑자기 이 평온함이 파괴되었다. 이 변화는 공장 체제의 통합이나 기계제 생산으로 변화함과 같은 조직 형태의 근본적인 변화도 없이 이루어졌다. 실제로 대략 다음과 같은 일들이 발생했다. 어느 날 선대업을 하는 집안의 한 젊은이가 도시에서 농촌으로 내려왔다. 그 젊은이는 직물공인 농부들을 엄선하고 이들에 대한 통제를 점점 강화해 마침내는 이들을 직물공 노동자로 교육시켰다. 다른 한편으로 그 젊은이는 구매자인 소매상과의 판매 경로를 단축해 가능하면 자신이 직접 접촉하며 판매했다. 그리고 고객을 확보해 매년 정기적으로 이들을 방문함으로써 생산물의 품질을 전적으로 고객들의 요구와 취향에 맞게 조정해 고객을 만족시키는 동시에 싼 가격으로 많이 파는 박리다매(薄利多賣)의 원칙을 실행하기 시작했다.

이러한 합리화의 과정에서 언제 어디서나 그런 것처럼 몰락하는 업자들이 생겨났다. 치열한 경쟁이 시작되면서 평온한 생활은 깨졌다. 상당한 재산이 모아지면 비싼 이자를 받고 돈을 빌려 주는 고리대업을 하는 대신 계속해서 사업에 다시 투자했다. 엄격하고 근면한 생활 방식이 지금까지의 안락하고 쾌적한 생활을 대신하게 되었다. 욕구를 충족하기 위해 소비하지 않고 영리 추구를 위해 벌려고만 한 사람들은 합리화 과정에서 성공을 거둔 반면, 낡은 방식을 유지하려던 사람들은 결국 자신들이 집에서 쓸 돈이 점차 줄어드는 것을 절감할 수밖에 없었다. 그리고 무엇보다도 중요한 것은 이러한 변화를 일으킨 것이 근대 자본주의 정신이라는 점이다. 사람들이 흔히 생각하듯 새로운 화폐의 유입이 생활 방식을 변화시킨 원인은 아니었다. 실제로 많은 경우를 보더라도 이 혁명적 과정을 완성하는 데 필요한 돈은 친척으로부터 빌린 얼마 안 되는 돈으로도 충분했다.

따라서 근대 자본주의를 확대시킨 원동력이 무엇인가 하는 문제는 무엇보다도 자본주의 정신이 어떻게 생겨나고 발전했는가에 관한 것이지 이용 가능한 화폐의 축적이 어디에서 유래했는가를 문제 삼아서는 그 답을 찾을 수 없다. 자본주의 정신이 생기고 작용하기 시작한 곳에서 자신의 실현 수단으로 화폐 축적을 이루어 냈던 것이다. 이와 반대로 화폐의 축적이 자본주의 정신을 작동시킨 것은 아니다.

물론 이러한 자본주의 정신의 발전이 결코 평화적으로만 진행되었던 것은 아니다. 초기 혁신가들에 대해서는 불신과 증오, 그리고 도덕적 분노가 수없이 가해졌다. 또한 초기 혁신가들의 지난 행적에 관한 어둡고 비밀스러운 소문이 번지기도 했다. 이런 상황에서 이 새로운 유형의 기업가가 냉정한 자기 절제를 유지하고 도덕적으로나 경제적으로 파탄을 피하기 위해서는 엄청나게 강한 정신력이 필요했다. 이 기업가는 명철한 통찰력과 행동력, 그리고 뛰어난 도덕적 자질을 가짐으로써 사업 방식을 혁신하는 데 반드시 필요한 고객과 노동자로부터의 신뢰를 받아야 했다. 이러한 통찰력과 행동력, 그리고 단호한 윤리성은 무수한 장애를 극복할 수 있는 정신력을 주었고, 근대 기업가에게 요구되는 강력한 노동 능력—이는 결코 과거의 안락한 생활과는 나란히 존재할 수 없는 것이었다—을 발휘할 수 있도록 해 주었다. 한마디로 말해서 이 같은 도덕적 자질은 과거의 전통주의와는 완전히 다른 독자적인 것이어야 했다.

또한 이러한 새로운 정신을 경제생활에 적용해 획기적인 변화를 일으킨 사람들은 엄격한 생활 규율 속에서 성장한 사람들로 강한 시민 의식과 행동 원리를 가진 동시에 성실하고 착실하게 자신의 업무에 모든 힘을 쏟는다는 특징을 가지고 있었다. 그런데 이런 개인의 도덕적 자질은 어떤 종교 사상이나 윤리 원칙과 무관할 뿐 아니라 오히려 이와는 반대되는 입장으로, 이른바 과거의 전통에서 자신을 해방시키려는 자유주의적 계몽 사상에 기초했을 것이라고 여기는 경향이 있다. 실제로 대부분 오늘날의 상황은 그러하다. 이들 기업가의 생활 태도는 종교적 출발점과 무관하며, 적어도 독일에서 자본주의 정신으로 충만한 사람들은 교회에 대해 적대적이 아니라 하더라도 무관심한 것은 확실하다.

자본주의 기업가의 이념형

　자신의 활동에 충실한 사람들에게 천국에서는 일하지 않아도 된다는 점은 큰 매력일 수 없었다. 그들에게 종교란 인간을 지상의 노동으로부터 분리시키는 수단에 지나지 않았다. 만일 그들에게 쉬지 않고 노동하며 자신을 위해 즐기고자 재산을 조금도 쓰지 않는 이유를 묻는다면 아마 자손을 위해서라고 답할지도 모른다. 그러나 현세적 삶의 태도로 볼 때 너무나 무의미하게 느껴지는 이러한 대답은 금욕에 대한 대답치고는 전혀 새로울 것이 없으며, 이는 전통적 인간형에서도 얼마든지 가능한 대답일 것이다. 그렇다면 더 정확한 대답은 무엇인가? 그것은 혹시 쉬지 않고 지속적으로 행하는 노동이 자신들에게는 없어서는 안 될 생활이 되어 버렸기 때문이 아니겠는가! 이것이야말로 유일한 그리고 정확한 동기라고 본다. 이는 개인의 행복이라는 관점에서 볼 때 극히 비합리적인 생활 태도다. 사업을 위해 인간이 존재하며 인간을 위해 사업이 존재하는 것이 아니라니 말이다.

　일반적으로 볼 때 재산의 소유는 권력과 명예에 대한 욕구와 연관되는 경우가 많다. 독일의 신흥 부자 가문들이 보여 주는 것과 같이 재산 상속을 받고 귀족의 칭호를 얻게 되면 자식들을 대학이나 장교단에 넣어서 출신을 숨기려고 든다. 하지만 이는 건전하지 못한 행위

가운데 하나에 지나지 않는다.

반면에 뛰어난 자본주의 기업가의 이념형은 몇몇 사례에서도 나타나듯이 허세 부리고 과시하는 졸부 근성과는 전혀 다른 것이다. 이념형으로서의 기업가는 과시와 낭비 그리고 권력을 휘두르는 것을 좋아하지 않으며, 자신의 공적에 어울리지 않게 사회적으로 존경받는 일을 부담스럽게 여긴다. 기업가의 생활 태도는 대체로 금욕적인 성격을 띠며 앞에서 인용한 프랭클린의 설교에 나타나 있는 것과 일치한다. 역사적으로 중요한 이 현상의 의미에 대해서는 이제 곧 얘기할 것이다.

이들 기업가에게서는 프랭클린이 계산적으로 권유했던 신중함보다 본질적으로 훨씬 더 정직하다고 할 수 있는 냉정한 겸손함이 발견된다. 이들은 자신이 엄청난 부를 가지고 있으면서도 자기 자신을 위해서는 아무것도 소유하지 않으며, 주어진 직업을 근면하게 완수하려는 비합리적 의식만을 가지고 있는 것이다. 그런데 이런 것은 전 자본주의적 인간형에게는 전혀 이해할 수도 공감할 수도 없는 수수께끼며 불결하고 경멸스러운 것으로 생각되었다. 누군가가 재물을 가득 짊어지고서 무덤으로 가는 것을 자신이 살아가는 목적으로 삼는 것은 저주받은 금전욕이 아니고 무엇이겠는가?

오늘날 자본주의 경제가 가지고 있는 고유하고 일반적인 사회 구조와 개인주의에 바탕을 둔 정치·사법·무역 제도 아래에서는 이 자본주의 정신이 순수한 적응의 결과물로 이해될 수도 있다. 자신의 욕구 충족을 포기한 채 자본을 늘리는 데 헌신하는 것은 현재의 자본주의 경제 제도에 가장 적합하며 경제적 생존 경쟁에서 승리하는 조건과도 단단히 결합되어 있다. 그렇기 때문에 화폐 축적을 목적으로 하는 생활 방식이 어떤 통일된 세계관과 반드시 연관되어 있다고 주장할 수는 없다. 이러한 태도는 더 이상 교회의 승인을 받을 필요가 없다. 오히려 교회가 어떤 권한이나 규범을 내세워 경제생활에 영향을 미치고자 한다면 국가의 규제와 마찬가지로 일종의 간섭이라고 여겨질 것이다.

이제는 자본주의적인 성공을 위한 조건에 자신의 생활을 적응시키지 못하는 사람은 몰락하거나 적어도 성공할 수는 없다. 그러나 이는 근대 자본주의가 승리하고 과거의 발판으로부터 자유로워진 뒤에 나타난 현상이다. 초기 자본주의는 중세적 경제 규제의 낡은 틀을 타파하기 위해 한때 국가 권력과 결탁하기도 했다. 종교적인 권위와 자본주의의 관계 역시 이와 마찬가지였을지도 모른다. 과연 그것이 사실인지, 그리고 사실이었다면 어떤 점에서 공통되는지는 아래에서 살펴보겠다.

자본주의 정신과 전통주의의 한판 승부

단지 돈을 버는 것을 인간이 스스로에게 부과한 삶의 목적, 즉 소명으로 받아들이는 것이 모든 시대의 도덕성에 반하는 것임은 따로 증명할 필요조차 없다. 교회법에서 채택된 교리에 "신에게 인정받기는 어렵다."라는 표현—이것은 상인의 활동에 사용된 표현이다—이나 복음서에 나타나는 이자에 관한 구절, 그리고 성 토마스 아퀴나스(스콜라 철학을 대표하는 중세 신학자로 《신학대전》을 통해 신과의 관계에서 인간의 상대적 자율성을 인정해 근대 사상이 싹트는 계기를 만듦)가 이윤 추구의 욕망에 대해 비천하다는 표현을 쓴 데에는 화폐를 늘리는 데 대해 일반 사람들이 반대했던 의견과는 또 다른 면이 있다. 그것은 당시 가톨릭 교회와 긴밀한 정치적 관계를 가지고 있었던 이탈리아의 금권 세력에 대해서 가톨릭 교리가 상당히 우호적으로 호응한 것으로 판단된다.

예를 들면 피렌체의 신학자 안토니처럼 교리가 현실과 영합한 경우에도 영리를 목적으로 삼는 행위는 현세의 삶 속에서는 관용되지만 근본적으로 치욕이라는 인상을 결코 없앨 수 없었다. 유명론(실재하는 것은 개개의 물체뿐이고 보편적인 개념은 각각의 공통성을 추상해 나온 이름에 지나지 않는다는 견해)을 지지하는 학자들을 비롯해 당시의 윤리학자들은 자본주의적 기업 형태를 현실로 받아들여 상업에 필요한 것으로 정당화하려고 했다. 또 거기서 발생하는 '근로'의 개념을 정당한 이익의 원천으로 보았음은 물론 그것이 윤리적으로 문제가 없음을 증명하려 했다. 그러나 여전히 지배적인 이론은 자본주의적 영리 정신을 비천한 것으로 여겨 배척하거나 적어도 도덕적 가치에 비추어 이를 긍정적으로 평가할 수 없다고 생각하는 모순적인 태도를 보여준다.

프랭클린의 경우와 같은 윤리적 관점은 결코 생각할 수도 없었다. 자본주의 경제 활동에 참여하는 대부분의 사람들이 생각할 때 자신들의 삶을 위한 직업 활동은 교회 전통에 비추어 기껏해야 도덕과 무관한 것으로 허용되기는 했지만 교회의 고리대금 금지 규정과 충돌할 위험이 있는 것이므로 영혼을 구원받기에는 곤란한 것이었다. 따라서 여러 기록에 의하면 부자들은 사망할 때 엄청난 돈을 소위 '양심전(양심을 구제받는 대신 기부한 돈)'이라는 이름으로 교회 기관에 맡겼다. 경우에 따라서는 부자들이 살아 있을 때에 부당하게 갈취했던 이자라 해서 예전의 채무자들에게 되돌려 주기도 했다.

그러나 단지 이단이나 위험시된 교파 그리고 이미 내적으로 전통과 단절된 도시 귀족층의 경우에는 이와는 다른 태도를 보여 주었다. 그렇지만 교회에 대해 의심을 품거나 교회와 상관없이 생활하던 사람들도 죽음 이후에 가게 될 세상에서 불확실하게 있는 것보다는 준비해 두는 것이 좋았기 때문에, 실제로 일종의 보증금이라는 심정으로 일정한 금액을 교회에 냄으로써 교회와 타협하는 것이 일반적이 었다. 이는 교회가 가르치는 계율에 형식적으로나마 복종하는 것만으로 영혼의 구원을 받을 수 있다고 여겼기 때문이다. 이런 점에서 당시 사람들이 자신들의 이윤 추구와 관련한 경제 활동을 도덕에 속하지 않는다고 여기거나 반윤리적인 것으로 생각하고 있었음을 알 수 있다.

그렇다면 이같이 가장 선의로 해석해야만 겨우 관용되어지는 일에 불과했던 이윤 추구 활동이 어떻게 프랭클린이 생각하는 것과 같은 소명이 되었을까? 14~15세기의 피렌체는 당시 자본주의가 가장 발달된 중심 도시였으며 많은 정치 권력의 금융 시장이자 자본 시장이었다. 그러나 이곳에서조차 이윤 추구 활동은 도덕적으로 부당하게 여겨지거나 겨우 관용되는 데 불과했다. 그런데 18세기가 되어서도 문화 수준이 낮고 소시민적인 사회관계 속에 놓여 있던 펜실베이니아의 산골짜기, 화폐의 부족 때문에 물물 교환 경제로 위축될 위험마저 있었고 대규모의 산업 경영은커녕 이제 겨우 원시적인 형태의 은행이 출현하기 시작한 이곳에서 이윤 추구 행위가 윤리적으로 칭송되고 심지어 신으로부터 명령받은 삶의 방식으로 여겨질 수 있게 된 사실을 어떻게 역사적으로 설명할 수 있을까? 이에 대해서는 물질적 관계가 상부 구조에 반영된 것이라는 유물론의 입장은 아무 의미가 없다. 그렇다면 순전히 이윤을 추구하는 행위가 개인의 윤리적 의무감인 소명이 된 까닭에는 어떤 사상적 배경이 존재하는 것일까? 이 물음이 중요한 이유는 이에 대한 대답이야말로 새로운 유형의 기업가의 생활 방식에 윤리적 토대와 정당성을 제공하는 것이기 때문이다.

합리적 자본주의의 등장

좀바르트가 적절하게 지적했듯이 일반적으로 근대 경제의 기본 동기는 '경제적 합리주의'라고 말한다. 이 말이 과학적 관점으로 생산 과정을 새롭게 편성함으로써 인간 체력의 자연적인 한계를 극복하고 노동 생산성을 증대시키는 것을 의미한다면 이는 의심할 것 없이 옳은 지적이다. 기술과 경제 분야에서의 합리화 과정은 분명 근대 시민 사회의 이상적인 삶 가운데 중요한 부분들을 결정짓는다. 인간의 물질적 재화를 합리적으로 공급하는 데 기여하는 작업은 자본주의 정신의 대변자들 자신의 인생의 궁극적인 목적이 되기에 충분했다.

이 명백한 사실은 프랭클린이 필라델피아 지역을 발전시키기 위해 기울였던 노력들을 적어 놓은 것을 읽어 보면 이해가 될 것이다. 프랭클린은 수많은 사람들에게 일자리를 제공하고 인구를 늘리며 상업을 번창시킬 목표로 고향의 경제 번영에 모든 힘을 쏟았다는 기쁨과 자부심을 갖고 있었다. 이런 기쁨과 자부심이 근대 기업가들이 갖는 이상주의적이며 특수한 삶의 기쁨에 속한다는 것은 두말할 것도 없다.

거기에 더해서 엄격한 회계의 토대 위에 계획적이며 냉정하게 경제적 성공을 지향한다는 점은 합리적인 자본주의 경제의 기본 특징 가운데 하나다. 이는 그날 벌어 그날 먹는 '손에서 입으로'식의 농업 사회의 생활 방식이나 길드 수공업자의 전통적인 특권주의, 또는 정치적 기회를 독점하며 비합리적 투기를 노리는 모험적 자본주의와도 분명히 구분된다. 따라서 자본주의 정신의 발전은 간단히 말해서 합리주의가 총체적으로 발전하는 과정에서 나타난 하나의 부분 현상으로 이해할 수 있으며, 생의 근본적 문제에 대한 합리주의적 원리의 입장으로부터 추론되어야 할 것으로 보인다.

만약 그렇다면 프로테스탄트는 순수한 합리주의 철학이 제대로 형성되기 전의 설익은 단계에서 역사적 역할을 한 것으로 살펴야 할 것이다. 그러나 이런 식으로 단순하게 문제에 접근하는 것은 합리주의의 역사가 여러 생활 영역에서 평행을 그리며 나란히 발전하지 않았다는 점 때문에 부적절한 것임을 알게 된다. 예를 들어 법의 합리화가 법률적 주제를 단순하게 정리하고 그 내용을 분화시키는 것을 의미한다면, 이는 고대 말기의 로마법에서 이미 최고의 형태에 도달했으며 경제적으로 가장 합리화된 국가들, 특히 영국에서는 이 같은 법의 합리화가 가장 낙후되어 있는 것이다. 영국에서는 상당히 유력한 법률가 조합의 힘에 부딪혀 로마법의 부활이 실패했지만, 이에 비해 남부 유럽의 가톨릭 국가들에서는 여전히 로마법이 지배적이었다. 이로써 우리는 현세에 가치를 두는 합리주의 철학이 18세기에 단지 자본주의가 최고로 발전한 국가에서만 성장한 것이 아니었음을 알 수 있다.

합리주의 철학자 볼테르의 사상은 로마 가톨릭 국가의 광범한 상류 계층과 실질적으로 더 중요한 중류 계층들에게 퍼져 있다. 개별적 자아가 현실적 이해관계로 세상을 보고 판단하는 생활 태도라는 의미에서 '실천적 합리주의'를 이해한다면, 그런 생활 방식은 예나 지금이나 '자유 의지'를 중요하게 여기는 민족들의 전형적 특징이며 이탈리아와 프랑스 사람들에게는 소위 피와 살이 되어 스며들어 있었고 현재도 그러하다. 그런데 우리는 이 나라들이 자본주의가 꼭 필요로 하는, 이른바 직업을 의무로서 여기는 태도를 성장시킨 토양이 아니라는 점을 알고 있다.

이처럼 근본적으로 삶이란 다양한 관점으로부터 그리고 서로 다른 분야의 영향을 받아 합리화될 수 있다. 사람들은 종종 이 단순한 사실을 잊어버리기 쉽기 때문에 합리주의를 다루는 모든 연구에서는 이를 첫머리로 삼아야 한다. 합리주의는 서로 대립하는 무수히 많은 모순을 포함하고 있는 역사적 개념이다. 소명으로 파악된 직업의식과 직업 노동에 대한 헌신은 과거는 물론 현재까지도 자본주의 문화를 특징짓는 구성 요소의 하나임이 분명하다. 그러나 순수하게 행복을 추구하는 입장에서 개인의 이해관계에 비추어 볼 때에는 소명으로서의 직업이 지극히 비합리적임을 앞에서도 언급했다. 여기에서 우리가 관심을 갖는 점은 이러한 직업의식과 직업 노동에 대한 헌신이라는 구체적 형태의 합리적 사고와 생활 방식이 어떤 정신적 흐름에서 나왔는가 하는 것이다. 요컨대, 이 책에서 우리가 관심을 기울이는 것은 이 직업 개념 속에 들어 있는 비합리적 요소의 근원이 무엇인가를 밝히는 것이다.

3. 루터의 직업 개념 – 탐구 과제

제3장에서 베버는 루터가 성서를 번역하는 과정에서 최초로 'Beruf(직업, 또는 소명이라는 의미의 독일어)'라는 단어를 쓴 것에 주목한다. 이 단어를 번역하자면 영어의 'Calling(소명, 즉 신이 인간에게 명령하고 부여한 부름)'의 의미를 가진다. 그러나 일반적으로는 천직 즉 타고난 직업이라는 의미가 있다. 따라서 이 글에서는 'Beruf'를 문맥에 따라 소명 또는 직업으로 해석했다.

베버는 한마디로 루터를 자본주의 정신의 발전에 관한 한 주목할 인물이 아니라고 평가했다. 루터가 말하고 가르친 직업 개념에 의하면 프로테스탄트 윤리의 가장 고결한 표현은 수도원의 금욕주의나 은둔 생활에서 나타나는 것이 아니라, 각자가 자신의 사회적 지위에 따라 주어진 의무를 실천하는 데에서 나타난다. 모든 사람은 신이 각자에게 적절하게 부여한 천직에 종사한다. 따라서 정치 권력에 복종하고 현실을 있는 그대로 긍정하는 태도가 루터가 주장하는 신앙인의 덕목이라고 할 수 있다. 이런 생각 때문에 루터가 세속적인 행위와 종교적인 윤리 사이의 관계를 새롭게 설정한다는 것은 근본적으로 불가능했다. 그러므로 칼뱅과는 달리 루터의 직업 개념은 처음부터 끝까지 철저하게 보수적이고 전통적이면서 수동적이라 하겠다.

소명이라는 단어의 최초 사용자, 루터

직업을 의미하는 독일어 단어 'Beruf'와 영어의 'Calling'에는 신으로부터 주어진 사명, 즉 소명이라는 종교적 의미가 들어 있다. 그런데 역사적으로 세계 문화를 주도했던 국민들의 언어 속에서 이 단어의 유래를 추적해 볼 때 발견되는 사실이 한 가지 있다. 가톨릭을 종교로 가진 민족에게서는 우리가 일상적인 삶의 위치 또는 일정한 노동 분야라는 의미로 사용하는 'Beruf'와 유사한 느낌의 표현을 찾을 수 없다는 점이다. 이는 고대에서도 마찬가지다. 그렇지만 프로테스탄트가 우세했던 모든 민족에게는 이 표현이 존재한다. 그 이유는 무엇일까?

이 표현이 존재하는지의 여부와 해당 언어의 인종적 특징, 예를 들어 게르만의 민족 특성과는 전혀 무관하다. 오히려 이 말이 현재와 같은 의미를 가지게 된 것은 성서를 번역하는 과정에서 생겨난 것으로 보인다. 보다 엄격히 말해, 성서 자체의 정신이 아니라 번역한 사람의 정신에서 유래된 표현인 것이다. 실제로 이 단어가 오늘날과 같은 의미를 지니며 처음 사용된 것은 루터가 번역한 구약성서의 한 외전(출처가 분명하지 않아 성경에 수록되지 못한 문헌)인 〈시락서〉 2장 20절과 21절에서였다. 그 뒤로 이 단어는 모든 프로테스탄트 신앙인의 일상생활에서 사용되면서 지금의 의미를 가지게 되었다. 루터 이전에는 그 어떤 세속적인 문헌 속에서도 이런 뜻을 가진 단어의 실마리를 찾아볼 수 없다.

이 단어의 의미가 새로운 것처럼 루터의 사상 역시 새로운 것이었다. 그리고 이 모든 것은 종교 개혁의 산물이었다. 하지만 직업이라는 이 단어 속에 들어 있는 세속적 노동을 존중하는 사고의 실마리조차 중세나 혹은 고대에는 전혀 존재하지 않았다고 말할 수는 없을 것이다. 다만 세속적인 직업을 의무로서 이행하는 것을 도덕적 실천 행위 가운데서 가장 최고의 것으로서 평가한 점만은 완전히 새로운 것이었다고 말할 수 있다. 이로써 세속의 일상적인 노동이 종교적 의미를 지닌다는 생각이 필연적으로 생겨났다. 종교적 의미에서의 직업 개념을 최초로 만들어 낸 것이다. 따라서 이 직업 개념 속에는 모든 프로테스탄트 교파의 중심 교리가 표현되어 있다.

루터 직업 사상의 형성 과정

루터의 직업 사상은 가톨릭이 기독교의 도덕 계율을 명령과 권고로 나누는 방식을 거부했다. 신을 기쁘게 하는 유일한 수단은 수도승의 금욕으로 세속적 도덕을 초월하는 것이 아니라, 오히려 세속적 의무를 성실히 이행하는 것이라고 보았던 것이다. 이러한 세속적 의무는 각 개인의 사회적 지위에서 나오는 것이며 이것이 곧 각자의 직업이자 소명이 되는 것이다.

루터는 종교 개혁 활동의 초기 10년 동안에 이러한 사상을 발전시

컸다. 처음에는 루터도 중세의 전통적 입장인 아퀴나스의 견해를 따랐다. 즉, 세속적 노동은 신앙생활을 위해서 필요한 조건이기는 하지만 먹고 마시는 일처럼 그 자체로는 도덕과 무관한 것으로 보았다. 그러던 것이 '오직 믿음으로'라는 루터의 사상이 더 분명하게 추구됨에 따라 소명으로서의 직업의 의미가 더욱 중요성을 띠게 되었다. 루터는 소위 '악마의 강제를 받는' 가톨릭 수도원이 신앙인들의 일상생활에 대해 '복음에 따른 권고'를 하는 데 대해 강하게 비판하면서, 수도사 같은 생활은 신 앞에서 자신을 정당화하는 수단으로서 무가치할 뿐 아니라 오히려 그것은 세속적인 의무를 회피한 극히 이기적이고 냉혹한 결과에 불과하다고 보았다.

루터는 수도사 같은 삶과 대조하면서 세속적인 직업 노동을 이웃 사랑의 외적 표현이라고 설명했다. 이를 증명하기 위해 루터가 내세운 명제는 "분업은 각 개인에게 다른 사람을 위해 일하게 만든다."라는 것이었다. 그러나 이런 현학적인 명제는 사라지고 세속적 의무의 이행은 어떤 경우든 신을 기쁘게 하는 유일한 방법이며 신의 뜻이고, 따라서 모든 직업은 신 앞에서 모두 같은 가치를 지닌다는 점이 강조되었다.

그러나 루터의 직업 사상이 우리가 사용해 왔던 의미에서의 자본주의 정신과 관련이 있다든가 내면적으로 유사하다고 말할 수는 없다. 종교 개혁을 열렬하게 지지하는 교파도 어떤 의미에서는 자본주의의 동조자가 아니듯, 아마 루터 스스로도 프랭클린과 자신의 생각이 유사하다는 지적에 대해서는 단적으로 거부할 것이 분명하다. 루터가 고리대금과 이자 수입 자체를 반대했던 것 등을 살펴보면 자본주의적 영리 행위에 관해 아주 '후진적인 관점'을 가지고 있었음을 짐작하게 한다. 특히 이자의 비생산성에 관한 루터의 논의를 보면 이 점이 더욱 분명하지만 여기에서 자세히 언급하지는 않겠다. 왜냐하면 소위 종교적 의미에서 직업 사상은 세속적 생활 방식에서 매우 다양한 형태로 영향을 미칠 수 있으며, 우리가 여기서 관심을 두는 것도 바로 이 일련의 종교 개혁의 성과기 때문이다. 종교 개혁의 결과로 이제 신앙은 세속적인 직업 노동에 대해 윤리적으로 강조하고 종교적인 보상을 강화시켰다. 이를 표현한 직업 사상이 어떻게 발전했는가 하는 것은 개별적인 프로테스탄트 교회가 어떤 식으로 이 신앙을 구체화시켰는가에 달려 있다.

성서와 직업 사상

루터는 자신의 직업 사상이 성서에 기초하고 있다고 믿었으나 보다 엄격한 의미에서 보면 루터의 사상은 대체로 성서에 관한 전통주의의 해석에 가깝다고 할 것이다. 특히 구약성서 가운데 순수한 예언서에는 세속적인 도덕에 관한 강조는 전혀 없거나, 있다고 해도 아주 단편적이고 미미한 수준에 지나지 않는다. 그 속에는 엄격한 전통주의적인 의미와 유사한 사상들이 포함되어 있을 뿐이었다.

'각자는 자신의 생업에 머물고 이윤 추구는 신을 믿지 않는 사람들에게 맡겨 두어라.'

이 말이 세속적 활동을 다루는 성서의 모든 구절이 지닌 의미라고 하겠다. 다만 유태인들의 지혜서인 《탈무드》에서는 부분적으로 이와 다른 입장이 나타나기도 한다. 그러나 그 역시 근본적인 것은 아니다. 신약성서를 살펴보더라도 예수가 가졌던 입장은 기도문 "우리에게 일용할 양식을 주옵시고."에서 고전적이며 순수한 형태로 표현되었다. 또 '불의의 재물'이라는 표현에서 알 수 있듯이 철저히 현실을 거부하는 자세를 보여 주었던 예수를 근대적 직업 사상과 결부시키는 것은 불가능해 보인다.

성서 속에 등장하는 초대 교회의 기독교인들, 특히 사도 바울 시대의 사람들은 공통적으로 종말론적인 신앙을 가졌다. 그 사람들은 이 세상이 끝나는 날에 메시아가 나타나 자신들을 구원해 줄 것이라고 믿었다. 그 결과 사람들은 세속적인 직업 생활에 대해 무관심하거나 기본적으로 전통주의적인 태도를 가지고 있었다. 그들은 주의 재림 (최후의 심판을 하기 위해 다시 나타나는 일)을 기다리고 있었기 때문에 각자의 신분과 세속적인 활동에 머무르면서 '주의 부르심'이 있을 때까지

지금까지와 마찬가지로 일하면 되었다. 일하는 이유도 가난해서 다른 형제에게 부담이 되지 않아야 했기 때문이었고 어차피 이런 기다림도 짧은 시간에 불과하리라 여겼다.

루터는 자신의 관점에 비추어 성서를 읽었으며, 1518년에서 1530년까지의 기간 동안에 루터의 관점은 전통주의에 머물러 있었을 뿐 아니라 더욱 전통주의적으로 되어 갔다. 루터는 종교 개혁 활동 초기에 바울의 종말론적인 무관심과 내면적으로 유사한 태도를 지녔다. 그러므로 세속적인 행위인 직업을 중요하게 여기지 않았다. 인간은 어떤 신분에서든 구원받을 수 있으며, 인생이라는 짧은 순례 길에서 직업의 종류에 연연하는 것은 무의미하다고 생각했던 것이다. 따라서 자신에게 필요한 정도를 넘어서는 물질적 이득을 추구하는 것은 은총을 받지 못한 증거라고 보았고, 이는 다른 사람의 희생을 통해 가능하기 때문에 직접적인 비난의 대상이 되었다.

그러던 루터가 점차 세속적인 일에 관여하게 되면서 직업 노동의 의미를 높이 평가하게 되었다. 이와 동시에 루터는 각 개인이 가진 구체적인 직업은 개개인이 그렇게 해야만 하는 신의 특별한 명령이라고 해석했다. 직업은 신이 개인에게 정해 준 구체적인 위치를 충족시키는 명령이라는 것이다. 그리고 광신자나 농민들과의 전쟁을 겪은 이후에 루터는 각자가 신으로부터 지정받은 객관적인 위치가 신의 의지를 나타내는 것이라고 더욱 믿게 되었다. 이렇게 루터는 삶의 사소한 일에서조차 신의 뜻을 강조함으로써 점차 '운명 사상'에 기초한 전통주의적 색채를 강화시켜 나가게 되었다. 각 개인은 기본적으로 신이 정해준 직업과 신분에 머물러야 한다는 것, 또 지상에서의 노력은 신이 그 사람에게 내려 준 삶의 한계 안에서 이루어져야 한다는 것이 강조되었다.

초기 기독교가 세상의 일에 무관심했기 때문에 생겨난 경제적 전통주의는 신의 뜻에 따라 세상과 우주 만물을 다스린다는 섭리 신앙이 강화되면서 점차 그 영향을 받게 되었다. 이에 따라 신에 대한 무조건적인 복종과 지상의 삶에서 주어진 각자의 지위에 대한 무조건적인 순응을 같은 것으로 보게 되었다. 그러므로 당연히 루터는 근본적으로 새롭거나 어떤 원칙적인 근거를 기초로 한 직업 노동과 종교 교리를 결부시키는 일에는 실패했다. 루터가 교회의 교리를 오류가 없는 순수한 것으로 인식하는 한 윤리적 영역에서의 새로운 관점을 발전시킬 수는 없었던 것이다.

이처럼 루터의 직업 개념은 전통주의의 테두리를 벗어나지 못했다. 직업이란 신의 뜻에 따라 인간에게 내려진 것이며 인간은 이에 순응해야 한다는 루터의 직업 개념은 루터의 사상이 지닌 또 다른 측면을 가려 버렸다. 바로 직업 노동이 신이 부여한 하나의 임무라는 생각 말이다. 정통 루터교의 발전 속에서 이러한 특징은 더욱 강화되었다. 현세의 삶에 대한 강조를 포기함으로써 금욕적인 의무가 이를 대체했다. 이는 권위에 대한 복종과 주어진 처지에 대한 순응을 강조하는 설교로 이어졌는데, 이것이 루터가 거둔 유일한 윤리적 성과였다고 하겠다.

더욱이 루터는 금욕주의적인 자기 수련을 '행위에 의한 구원'이라 하며 위선으로 생각했다. 이렇게 해서 루터 교회 내에서 직업윤리가 갖는 중요성은 점차 뒷전으로 밀려날 수밖에 없었다. 이쯤에서 우리는 루터주의 입장에서 본 직업 사상이 이 책의 탐구 주제와 관련해서 문제 제기 수준 이상의 중요성을 가지지 못한다는 점을 분명히 해 두어야 하겠다. 그렇다고 해서 종교 생활을 루터주의 방식으로 재구성하는 것이 우리의 탐구 대상으로 아무런 의미가 없다고 말하지는 않겠다. 다만, 직업 사상의 중요성을 세속적인 직업에 대한 루터와 루터 교회의 입장에서 직접 이끌어 낼 수는 없으며, 루터주의에서는 다른 프로테스탄트 교회의 경우와는 달리 직업 사상과 종교적 동기와의 관련이 쉽게 파악되지는 않는다는 것으로 이해하면 되겠다.

따라서 우리는 실제 생활과 종교적 동기와의 관련성을 루터주의보다 쉽게 탐구할 수 있는 다른 프로테스탄트의 형태를 우선 고찰하는 것이 좋으리라 여겨진다. 이미 앞에서 언급했던 것처럼 칼뱅주의와 여러 프로테스탄트 교파들은 자본주의의 발전에서 상당한 역할을 했다.

칼뱅주의의 윤리적 특징

일찍이 루터가 츠빙글리에게서 자신과는 다른 정신이 살아 숨쉬는 것을 발견한 것처럼 루터의 후계들은 칼뱅주의에서 그러한 것을 발견했다. 바로 이 점 때문에 가톨릭 교회는 예나 지금이나 칼뱅주의를 자신들의 진정한 적으로 여겨 왔다. 물론 여기에는 정치적인 이유도 있었다. 종교 개혁이 루터의 개인적인 신앙 발전 없이는 상상할 수 없는 것이고 루터의 인격에 의해 지속적인 영향을 받았던 것이 사실일지라도 칼뱅과 칼뱅주의가 없었다면 종교 개혁의 성과가 외적으로 지속될 수는 없었을 것이다. 하지만 가톨릭 교도와 루터교 신도들이 칼뱅주의에 대해 갖는 공통의 혐오는 칼뱅주의의 이런 정치적 성격보다는 칼뱅주의가 가진 윤리적 독특함에 그 원인이 있다고 하겠다.

겉 핥기 식의 관찰만 하더라도 칼뱅주의에서는 종교 생활과 세속적 활동 사이의 관계를 가톨릭이나 루터주의와는 전혀 다르게 해석함을 알 수 있다. 순수하게 종교적 동기에서 쓰인 문학 작품에서조차 이는 분명히 드러난다. 예를 들어 중세 기독교 문학을 대표하는 단테의 《신곡》과 '청교도주의의 신곡'이라 불리는 밀턴의 《실락원》 마지막 장면을 비교해 보자. 밀턴은 《실락원》에서 낙원에서의 추방을 묘사하며 아래와 같이 마지막 장을 끝맺고 있다.

두 사람은 고개를 돌려 낙원의 동쪽을 바라본다.

이제까지 행복의 자리였던 곳을.

지금은 화염의 칼이 무섭게 휘둘리고

문에는 불을 쥔 무서운 얼굴들 가득하구나.

절로 흘러내리는 눈물

그러나 이를 바로 씻어 낸다.

그들의 안식처를 택하도록

세계는 그들 앞에 놓여 있다.

섭리는 그들의 안내자,

두 사람은 느리고 무거운 걸음으로 움직인다.

손에 손을 잡고 에덴을 떠나 방랑의 길로.

이보다 조금 앞서 천사 미카엘은 아담에게 이렇게 말했다.

다만 더하라, 지식에 어울리는 행동을.

더하라, 믿음을.

더하라, 덕과 인내 그리고 절제를.

더하라, 어진 사랑의 이름으로 불리는 그 밖의 모든 것의 영혼을.

그러면 그대의 영혼은 덕으로 충만하리.

그대가 낙원을 떠났어도 싫어하지 않을 것이니

보다 축복받은 낙원이 그대 마음속에 깃들리라.

이토록 현세적인 삶을 인간의 의무로 평가하는 강렬한 표현이 중세 작가의 입에서는 결코 나올 수 없음을 누구나 알 수 있을 것이다. 여기에서 우리는 진지하고 청교도적인 현세 지향성을 확인할 수 있다.

이제 우리의 과제는 루터와 루터주의에 대해 막연한 추측이 아니라 정확한 사고를 바탕으로 칼뱅주의와 차이가 생겨난 내적 근거를 밝혀내고 이를 정식화하는 것이다. 그런데 그 차이의 이유로 민족성을 꼽는다면 이는 무지를 드러내는 것일 뿐이며 전혀 근거가 없다고 본다. 왜냐하면 17세기에 영국 사람들이 하나의 통일된 민족성을 가지고 있었다는 주장은 역사적으로 전혀 맞지 않기 때문이다.

한 예로 청교도 혁명 당시 영국의 정당이었던 왕당파와 의회파는 단순히 서로 대립되는 정파라기보다는 질적으로 완전히 다른 두 종류의 인간으로 보는 것이 옳다. 또한 중세 말의 영국과 독일은 정치적 운명이 서로 다른 정도지 둘 사이의 어떤 근본적인 성격의 차이를 발견할 수는 없다. 오늘날 우리가 발견하게 되는 민족들 사이의 서로 다른 차이는 전부라고 말할 수는 없지만 상당 부분 종교 운동에 의해서 발생한 것이다.

그러므로 아래의 연구는 일반적으로 이념이 역사에서 작용하는 방식을 분명하게 밝히는 데 다소나마 기여할 수 있으리라고 생각한다. 그러나 이 연구에서 다루려는 것은 결코 종교 개혁의 사상적 내용을 어떤 의미에서든 사회적·정치적으로나 종교적으로 평가하려는 것이 아니다. 우리가 의도하는 것은 수없이 존재하는 역사적 개별 동기에서 성장한 근대의 현세 지향적인 문화의 복잡한 발전 과정에 어떠한 종교적 동기가 기여했는지를 보다 분명히 알려는 것이다. 이 경우 우리는 종교 개혁을 경제적 변화로부터 '발전사적 필연성을 갖고' 이끌어 낼 수 있다는 견해를 버려야 한다. 그러므로 물질적 하부 토대인 사회적·정치적 조직 형태 등과 종교 개혁의 문화적·정신적 내용 사이에 그 상호 영향이 매우 복잡하기 때문에, 우선은 일정한 형태의 종교 신앙과 직업윤리 사이에 '친화성'이 있는지 여부와 그 친화의 정도를 탐구하는 데 그칠 수밖에 없다. 이와 동시에 이런 친화의 정도에 따라 종교 운동이 물질적 문화의 발달에 어떻게 작용했으며, 그 방향은 어떤 것인지를 분명하게 알 수 있을 것이다.

제2부 | 금욕적 프로테스탄트의
직업윤리

Die protestantische Ethik
und der Geist des Kapitalismus

Die protestantische Ethik und der Geist des Kapitalismus

제2부 금욕적 프로테스탄트의 직업윤리

제2부의 제목에서 알 수 있듯이 프로테스탄트의 종교적 금욕주의가 직업윤리로 정착해 자본주의의 발전에 어떻게 작용했는지를 밝히는 것이 제2부의 목적이다.

제2부는 두 개의 장으로 구성되어 있는데 제1장에서는 다양한 프로테스탄트의 분파 중에서 현세적 금욕주의를 강하게 지켜 간 네 개의 종파인 칼뱅주의·경건주의·감리교·침례교 운동 등에 대해 상세하게 다루고 있다. 제2장은 이 책의 결론과도 같은 부분으로 이 네 개의 종파들이 강조한 프로테스탄트 직업 사상과 금욕주의가 어떻게 합리적이고 자신의 일에 헌신하면서 자본을 축적한 초기 자본주의 정신의 원류가 되었는지를 밝히고 있다.

1. 현세적 금욕주의의 종교적 토대

제1장에서 베버가 주목한 것은 현세적 금욕주의로 세속적 직업 활동과 관련된 금욕적인 프로테스탄트 종파들이다. 베버는 17세기 서유럽에 전파되었던 칼뱅주의와 독일의 경건주의, 감리교와 침례교 운동을 연구의 대상으로 삼았다. 베버가 이들 프로테스탄트 종파를 주목한 이유는 그 종파들이 자본주의의 원인이 되었거나 자본주의를 발생시켰기 때문이 아니다. 즉, 프로테스탄트가 자본주의의 출현에 공헌했다는 주장이 아니다. 또한 베버의 1차적 관심은 칼뱅주의, 혹은 그 밖의 여러 프로테스탄트 종파들의 기원이나 교리 자체가 아니다.

베버가 관심을 가진 것은 금욕적 프로테스탄트가 지닌 고유한 신앙과 윤리가 초기 자본주의 시대에 영향을 미친 심리적 요인이 무엇인지에 관해서였다. 즉, 베버는 종교 신앙과 종교 생활의 실천에 바탕을 두고 현실적인 직업 활동에 방향을 제시하며 개인에게 따르도록 했던 심리적 요인과 그 영향력이 무엇인지를 밝히려고 했다. 베버는 이 심리적 요인을 종교의 이름으로 개인들에게 요구한 현세적 금욕주의라고 보았다.

금욕적 프로테스탄트의 4인방

금욕적인 프로테스탄트 종파들로는 17세기에 서유럽을 중심으로 전파되었던 칼뱅주의, 경건주의, 감리교, 침례교 운동에서 발생한 교파들 이렇게 네 가지를 꼽을 수 있다.

위의 종파들은 서로 분리되어 존재했던 것이 아니다. 또한 이들 금욕적 개혁파 교회들이 당시의 비금욕적인 개혁파 교회들과 분명히 구분되는 것도 아니었다. 예를 들어 감리교는 18세기 중엽에야 비로소 영국 국교회 내에서 생겨났으며, 처음부터 하나의 새로운 교회를 세우려 했던 것이 아니다. 다만 교회 안에서 새로운 금욕주의 정신을 환기시키려 했던 것이다. 그러나 교회가 발전하는 과정, 특히 미국으로 전파되는 과정에서 감리교는 영국 국교회와 분리되었다.

또 독일의 경건주의 역시 영국과 네덜란드의 칼뱅주의 토양 위에서 성장했다. 경건주의는 정통 칼뱅주의와 느슨하게 관계를 계속 유지하는 가운데 눈에 띄지 않는 은밀한 변신을 거듭했다. 그러다가 17세기 말에 이르러 슈페너의 지도 아래 정통파와 단절하면서 루터주의에 합류하게 되었다.

그 이후, 경건주의는 교리에 관한 부분적인 변경이 이루어지면서 독특한 방식의 독립된 교파를 형성하게 된다. 한편 칼뱅주의와 침례교는 초기에는 서로 명백하게 구분되었다. 그러나 17세기 초에 영국과 네덜란드에서 결합이 점진적으로 이루어졌으며, 17세기 후반에 이르러 이들은 밀접한 관련을 맺게 되었다.

'청교도주의'라는 말은 위에 적은 프로테스탄트 교파들을 모두 아우르는 용어다. 그 의미 역시 여러 가지로 이해되고 사용된다. 청교도주의는 금욕주의 운동의 성격을 띠었는데, 이를 따랐던 교도들과 그 옹호자들이 영국 국교회의 근본 사상을 공격한 것은 사실이지만 처음부터 그랬던 것은 아니다. 다만 영국 국교회와 프로테스탄트의 투쟁 과정에서 양자의 대립 양상이 점차 격화되었을 뿐이다. 여기에서 별로 다루지 않은 교회 조직과 교회 제도의 문제를 빼더라도 상황은 마찬가지였다. 이들의 갈등과 대립은 예정설이나 의인설(신에게 의롭다고 인정받는 것에 대한 기독교 교리. 루터는 의인이 되더라도 여전히 죄의 뿌리가 남아 있어 '용서받은 죄인'으로 남는다고 본 데 비해 감리교 사상가 웨슬리는 죽기 전에 의인으로 인정되는 것이 가능하다고 봄) 같은 중요한 교리상의 차이와 결부되면서 더욱 다양하고 복잡한 형태를 띠게 되었다. 특히 여기서 우리가 관심을 갖는 중요한 현상은 윤리적 생활 태도다. 그런데 윤리적 생활 태도는 위에 적은 네 종파 혹은 그들 중의 몇몇이 결합한 교파들과 그 사이에서 발생한 여러 분파들을 따르던 신앙인들에게서 공통적으로 나타나는 점이다.

교리에 대한 연구가 필요한 이유

앞서 언급한 네 종파들이 실제 생활 태도에서 강조한 것들 사이에 유사점이 많다면, 각 종파들에게서 나타나는 윤리나 교리 원칙상의 차이는 무시한 채 도덕적 실천에 대해서만 살펴보면 되지 않느냐고 생각할 수도 있다. 그러나 이것은 잘못된 생각이다. 서로 다른 교리에 뿌리를 두었다면 이는 비교리적인 윤리에도 영향을 미치기 마련이다. 또 원래의 사상 내용을 알아야만 당시의 신앙심 깊은 사람들에게 강력하게 작용하고 있던 내세 사상과 청교도주의의 새로운 직업윤리가 어떻게 결합할 수 있었는지를 이해할 수 있기 때문이다.

물론 우리가 관심을 두는 것은 그 당시 종교에서 이론적으로나 공식적으로 무엇을 가르쳤느냐가 아니다. 그것보다는 이른바 종교적 믿음과 생활 방식에 방향을 제시하고 개인을 지배했던 심리적 동기가 무엇인가 하는 점이다. 그런데 이러한 심리적 동기는 상당 정도 종교적 가르침에서 나오는 것으로 보이며, 또 당시의 사람들은 교리에 대해서도 깊이 생각했던 것 같다. 따라서 이런 여러 가지 사실을 이해하기 위해서는 교리에 대한 정의를 파악하고 종교와 실천적 관심 사이의 관계를 파악하는 것이 반드시 필요하다.

교리의 의미를 연구한다는 것은 자칫 신학을 잘 모르는 사람에게는 지루한 일로 비춰질 수 있다. 반면 신학 교육을 받은 사람들에게는 성급하고 피상적인 것으로 여겨질 수도 있을 것이다. 하지만 여기에서는 꼭 필요한 과정임에 분명하다. 이를 위해 우리는 역사적 현실 속에서는 나타나기 어려운 이념형의 형태로 종교 사상들을 단순화해서 다룰 수밖에 없다. 왜냐하면 가장 순수하고 논리적인 형태라고 말할 수 있는 이념형을 가지고 그것이 역사에 끼친 독특한 영향이 무엇인지를 접근할 수 있으리라고 기대하기 때문이다.

1) 칼뱅주의

칼뱅의 예정설

칼뱅주의는 16, 17세기에 자본주의가 가장 발달했던 네덜란드, 영국, 프랑스에서 대규모의 정치적·문화적 투쟁을 일으켰던 신앙이었다. 칼뱅주의의 가장 특징적인 교리는 예정설이라고 할 수 있다. 그렇지만 예정설이 프로테스탄트 교회의 교리 중에서 본질적인 것인지 혹은 부차적인 것인지에 대해서는 여전히 논란의 여지가 남아 있다.

흔히 우리가 본질적이라는 표현을 쓸 때에는 보통 다음의 두 가지를 포함한다. 그 하나는 역사적 현상 중 유일하게 관심을 끌거나 지속적으로 가치 있는 것을 말한다. 또 다른 하나는 그것이 역사적 현상에 미친 영향으로 인해 발생한 어떤 결과가 중요성을 지니는 경우다.

여기서 우리가 알아보려는 것은 바로 뒤의 입장에서 출발하는데, 즉 프로테스탄트의 신앙 교리가 문화사적으로 어떤 영향을 미쳤는가에 따라 그 중요성을 따지려는 것이다. 당시 예정설의 영향은 매우 컸다. 우선 예정설을 놓고 벌어진 영국 국교회와 청교도 사이의 견해 차이는 치유할 수 없는 분열을 가져왔으며, 이 예정설로 인해 칼뱅주의는 국가에 위험을 초래하는 대상으로 인정되어 정부의 공격을 받기도 했다. 17세기에 열렸던 크고 작은 종교 회의에서 빠지지 않았던 회의 주제 역시 이 예정설을 표준 교리로 인정하느냐마느냐 하는 것이었다. 이 문제는 18세기와 19세기에 교회의 분열을 일으켰으며 신앙을 다시 일으키려는 거대한 함성을 토해 내기도 했다.

웨스트민스터 신앙 고백에 나타난 예정설

오늘날의 사람들이 예정설을 다 잘 이해한다고는 말할 수 없기에 1647년의 웨스트민스터 신앙 고백(신학자와 목사들이 웨스트민스터 종교 회의에서 승인한 신앙 고백서. 스코틀랜드와 영국, 아일랜드에 있는 기독교 교회의 통일된 신앙 고백이 그 내용임)의 몇 개 조항을 아래에 소개해 그 이해를 돕고자 한다.

◎ 자유의지에 관해(9장 3항) : 사람은 타락해 죄의 상태에 빠짐으로서 정신적 선과 구원으로 인도하는 모든 의지를 상실했다. 따라서 사람은 선을 저버리고 죄 가운데 죽기 때문에 자신의 잘못을 회개하거나 이를 준비하는 것조차 불가능하다.

◎ 신의 영원한 결정에 대해(3장 3항) : 신은 당신의 영광을 드러내기 위해 어떤 사람에게는 영원한 생명을 예정하셨고 또 어떤 사람에게는 영원한 죽음을 예정하셨다. 이는 오직 신의 결정으로 이루어졌다.

◎ 신의 영원한 결정에 대해(3장 5항) : 영원한 생명으로 예정된 사람들은 신이 당신의 영원하고 변함없는, 그리고 당신의 결단에 따라 선택한 사람들로서 이는 순수하게 자유로운 은총과 사랑에서 나온 것이다. 믿음이나 선행, 혹은 이 둘 중의 어느 하나를 지속적으로 행한다거나 그밖에 사람에게서 볼 수 있는 다른 어떤 것에 대한 기대도 결코 신의 선택을 위한 조건이나 원인이 될 수 없다. 모든 것은 오직 신, 당신의 영광스러운 은총을 찬미하기 위한 것이다.

◎ 유효한 소명에 대해(10장) : 신은 당신이 영원한 생명으로 예정하신 사람들만을 당신이 정하신 시간에 당신의 말씀과 성령을 통해 소명하심을 기뻐하신다. 그렇게 해서 신은 예정하신 사람들의 돌처럼 굳은 마음을 거두시고 신선한 마음을 주시며 뜻을 새롭게 하시어 당신의 전능한 힘에 의해 선으로 인도하신다.

◎ 섭리에 관해(5장 6항) : 의로운 심판자인 신께서는 죄 때문에 눈멀고 모

질고 악한 그래서 신을 모르는 사람들에 대해서는 당신의 은총을 거두어들이셨다. 뿐만 아니라 때로는 사람들이 갖고 있던 천성마저도 거두시어 그들이 죄악을 만드는 대상과 관계하게 하며 더 나아가서는 욕정, 세상의 유혹, 사탄의 힘 등에 자신을 맡겨 버리게 하신다. 그리해서 신께서 다른 사람들을 유순하게 하려고 사용하시는 바로 그 수단에 의해 그들 자신이 더 비정해지는 것이다.

예정설은 어디에서 왔는가?

일찍이 밀턴이 예정설에 대해서 "설령 내가 지옥으로 떨어진다고 해도 이러한 신은 결코 존경할 수 없을 것이다."라고 한 비판은 매우 유명하다. 하지만 우리가 여기에서 문제 삼는 것은 예정설에 대한 비판이 아니라 이 교리가 갖는 역사적 의미다. 따라서 예정설이 어떻게 탄생했으며 칼뱅주의 신학과는 어떤 사상적 연관을 맺고 있느냐 하는 문제에 대해 간단하게나마 언급해 보려고 한다.

예정설은 두 가지 경로를 통해 성립되었다. 아우구스티누스 이래로 위대하고 정열적인 기독교 지도자들은 종교의 구원에 대해 다음과 같은 확신을 가지고 있었다. 모든 것은 객관적인 힘의 작용에 달려 있을 뿐 결코 자신의 가치에 따라 결정되는 것으로 생각해서는 안

된다는 것이다. 죄의식의 고뇌로부터 해방되면서 얻게 된 신에 대한 강렬한 감정은 엄청나게 강한 힘으로 사람들에게 다가왔다. 하지만 신의 은혜가 자신들의 행동에 대한 어떤 보답이거나 또는 신앙과 의지에 대한 공로, 혹은 자신들의 어떤 자질과 관련될 수 있다는 가능성은 처음부터 완전히 배제시켜 버렸다.

　루터 역시 자신의 저서 《기독교인의 자유》에서 신의 '은밀한 결단'이 자신의 종교적 은총을 가장 확실하게 보장하는 절대적이고 유일한 근거라고 쓰고 있다. 이후에도 루터는 이 생각을 완전히 포기하지는 않았다. 하지만 교회 정치적이던 루터가 점점 현실 정치적으로 되어 감에 따라 이 생각은 뒷전으로 밀려났으며 마침내 루터의 사상 가운데서 중심적인 위치를 차지할 수 없게 되었다. 그래서 당시 루터 교회의 지도자 멜란히톤은 이 '어둡고 위험한 이론(예정설을 말함)'이 아우구스부르크 신앙 고백에서 채택되는 것을 의도적으로 회피했다. 또한 루터 교회의 교부(교회의 발달에 큰 공헌을 한 사람) 철학자들은 은총이란 상실될 수도 있고 다시 얻을 수도 있는 것이라는 교리를 확립했다.

　이와는 정반대로 칼뱅은 자신의 교리에 대해 적대적인 입장을 가진 사람들과 날카로운 논쟁을 거치면서 자신의 이론 가운데 예정설이 갖는 의미를 점점 더 중요하게 여기게 되었다. 칼뱅은 자신의 저서 《기독교 강요》 제3판에 이르러 비로소 예정설을 상세히 전개했다.

그리고 칼뱅이 죽은 뒤에 전개된 신학 논쟁을 통해 칼뱅의 예정설은 칼뱅의 신학 사상에서 중심에 놓이게 된다. 신이 행한 이 '공포스러운 결정'에 대해 루터는 몸으로 겪은 경험을 통해 깨달음에 도달했다. 그러나 칼뱅의 경우 순전히 사색을 통해 이를 이끌어 낸 것이었다. 바로 이러한 특징 때문에 오직 신을 추구하는 칼뱅의 종교적 관심이 사상적으로 철저해짐에 따라 이 이론의 중요성도 더욱 커졌던 것이다.

구원의 대상자는 신이 결정한다

사람을 위해 신이 존재하는 것이 아니라, 신을 위해 사람이 존재하는 것이라고 칼뱅은 말한다. 또한 칼뱅은 단지 소수의 사람만이 구원받도록 선택되었다는 사실을 포함해 모든 것이 신의 위대함을 찬양하는 목적을 위한 수단으로서 의미가 있다는 점을 결코 의심하지 않았다. 오직 신만이 자유로우며 어떤 법칙에도 자유롭다. 그리고 신의 의지는 그것을 사람들에게 알리는 것이 좋겠다고 스스로 판단했을 때에만 알려지도록 한다. 그렇게 되고서야 그 사람은 비로소 신의 섭리를 이해할 수 있게 되는 것이다. 따라서 지상의 정의를 척도로 삼아 신의 지고한 섭리를 측정하려는 것은 무의미한 일일 뿐 아니라 신의 위엄을 침해하는 것이다. 이처럼 우리는 단편적인 진리에 의지할 수밖에 없으며, 그 밖의 알려지지 않은 모든 것들은 미지의 신비에 싸인 채 남아 있다. 우리가 진리를 알아내려 해도 불가능하고 그러한 시도를 하는 것은 신에게 불손한 짓이다.

예를 들어 신에게서 버림받은 사람이 있다고 치자. 만일 그 사람이 신에게서 버림받은 자신의 운명이 부당한 것이라고 불평한다면, 이는 마치 한 마리의 짐승이 왜 자신이 사람으로 태어나지 못했느냐고 신에게 불평을 호소하는 것과 마찬가지다. 모든 피조물(신이 만든 모든 대상)은 넘을 수 없는 깊은 구렁을 사이에 두고 신과 격리되어 있다. 신이 자신의 영광을 드러내기 위해서 다른 결정을 내리지 않는 한 사람을 비롯한 모든 피조물은 영원한 죽음을 마주할 수밖에 없는 것이다.

우리가 알고 있는 것은 일부 사람들만이 구원을 받을 것이고 나머지 사람들은 저주를 받았다는 것뿐이다. 예정된 운명이 사람의 선행이나 악행으로 인해 바뀔 수 있다고 생각하는 것은 마치 신의 절대적이고 자유로운 결정이 사람의 선행이나 악행 때문에 바뀔 수 있다고 여기는 것만큼이나 결코 가능한 일이 아니다.

예정설이 가져온 내면적 고립감

다시 찾은 은화 한 닢에 기뻐하는 여인처럼 회개한 죄인을 반긴다는, 신약성서에 드러난 인간적으로 이해할 수 있는 '하늘에 계신 우리 아버지'는 사라졌다. 이제 신은 사람의 이성을 초월해 영원한 과거로부터 개인의 운명을 결정하고 우주의 사소한 것까지도 결정하는 초월적 존재다. 신의 결정에 대해서 우리는 전혀 알 수 없음은 물론 바꿀 수도 없는 것이기에 신의 은총을 받은 사람이 이를 잃어버릴 일은 없다. 반대로 은총을 받지 못한 사람이 은총을 얻는 일도 결코 있을 수 없다. 이처럼 몹시 비인간적인 교리에 몸을 내맡긴 개인들에게 이전에는 결코 경험하지 못했던 내면적인 고립감이 찾아왔다. 이렇게 해서 종교 개혁 시기의 사람들은 영원한 구원을 향해 태초에 정해진 운명을 따라 고독하게 자신의 길을 걸어갈 수밖에 없었다.

오직 선택받은 사람만이 신의 말씀을 영적으로 이해할 수 있기 때문에 교회 설교자도 개인을 도울 방법이 없었다. 성찬 의례(예수의 몸과 피를 상징하는 떡과 포도주를 먹는 미사 예식의 한 부분)는 신의 영광을 더하기 위해 명령된 것이므로 반드시 지켜야 한다. 하지만 이를 지킨다고 해서 신의 은총을 얻을 수 있는 것은 아니다. 성찬 의례는 자신의 신앙을 주관적으로 보충하는 외적 보조 수단에 불과하기 때문이다. 교회 역시 개인을 도울 수 없음은 마찬가지다. 참된 교회를 멀리하는 사람이 결코 신의 선택에 속할 리가 없다는 점에서는 '교회 밖에서는 참된 구원이 없다.'라는 말이 유효할 것이다. 하지만 신에게 버림받은 사람이라고 할지라도 겉으로는 교회에 속해 있으며, 또 속해야 하고 규율을 따라야 한다. 그것은 구원을 얻기 위해서가 아니라—이는 불가능하다—신의 영광을 위해 계율을 지키지 않을 수 없기 때문이다. 그렇다면 신은 도움을 줄 수 있을까? 신 역시 도움을 줄 수 없기는 마찬가지다. 왜냐하면 예수 역시 선택된 사람들을 위해 죽은 것이기 때문이다. 신은 영원한 과거로부터 오직 선택된 사람만을 위해 그리스도의 죽음을 통한 속죄를 결정했던 것이다.

마법으로부터 해방된 세계

루터 교회에서는 비록 그 단서를 보이긴 했으나 성찬 의례에 따른 구원을 철저히 배제하지는 못했다. 그런데 청교도 신앙은 이를 완전히 배제했다는 점에서 가톨릭과 비교해서도 절대적인 차이를 갖는다. 기독교의 역사를 살펴보면, 이스라엘의 선지자(예수의 강림과 하느님의 뜻을 예언하는 사람)에서 시작되어 헬레니즘의 과학적 사고가 결합됨으로써 일찍이 교회는 주술적 수단에 의해 구원을 추구했다. 그러나 이것은 이제 미신과 죄악으로 간주되기 시작했다. 그리고 이 세계를 마법으로부터 해방시키는 과정은 청교도 신앙에 와서 마침내 그 끝을 맺은 것으로 해석할 수 있다. 그 결과 독실한 청교도들은 장례식에서조차 모든 종교 예식의 관습적 흔적마저 거부했고, 가장 가까운 사람의 장례를 치를 때에도 노래나 음악 없이 조용히 치렀다. 이러한 태도는 그 어떤 마법적·성례적 구원 효과 즉, 미신을 믿는 것을 단연코 거부한 것이었다.

신이 은총을 내리기를 거부한 사람에게는 어떤 마법적인 수단도 소용이 없으며 다시 은총을 얻게 하는 수단도 결코 없다. 모든 피조물이 신에게서 완전히 떨어져 있다는 데에서 유래한 인간의 내면적 고립감은 청교도가 문화와 종교 의식 속에 깃들어 있는 모든 감각적이고 감성적인 요소, 그리고 주관적인 종교성에 대해 부정적으로 바라보는 근거가 되었다. 왜냐하면 청교도의 관점에서 보면 이러한 요소들은 구원을 위해서 아무 소용이 없으며, 감상적인 환상과 피조물이나 우상을 숭배하는 미신을 불러일으키기 때문이다. 따라서 청교도는 모든 감각적 문화에 대한 혐오를 근본적으로 포함하고 있었다.

다른 한편, 이러한 내면적 고립감은 오늘날 청교도적 전통을 가진 여러 민족들의 국민성이나 제도에서 나타나는 개인주의의 기초를 이루고 있다. 환상을 거부하고 다소 비관적인 색조를 띠는 이 개인주의는 이후의 계몽주의(인간의 지성과 이성을 믿고 자연과의 관계, 사회와 정치 문제를 낙관적으로 이해하며 중세를 지배한 종교 신학의 독단에서 벗어나고자 했던 18

세기 유럽에서 발생한 사회 사상)가 인간을 바라보던 유쾌한 관점과는 매우 대조적이다.

신에 대한 배타적 믿음

우리는 이 예정설이 17세기 당시에 분명 사람들의 생활 방식과 인생관에 영향을 미쳤음을 발견하게 된다. 이러한 현상은 예정설이 교리로서의 영향력을 상실했던 곳에서조차 똑같이 나타났다. 사실 예정설이란 신에 대한 믿음의 가장 극단적인 형태라고 할 수 있다. 우리가 분석하려는 것도 바로 이러한 신에 대한 믿음 외에 다른 모든 것을 배격하는 절대적 배타성에 대한 것이다. 예를 들어 영국의 청교도 문헌에서는 인간적인 도움이나 우정을 신뢰하지 말라는 경고를 되풀이한다. 지극히 온화한 설교자조차도 절친한 친구를 믿지 말 것을 권하는가 하면 아무도 믿지 말라고 한다. 심지어 베일리 같은 신학자는 자신을 위험에 빠뜨릴 수 있는 내용은 절대 남에게 알려서는 안 된다고 충고하기도 했다. 믿을 수 있는 존재는 오직 신밖에 없다는 것이다.

칼뱅주의가 성행한 지역에서는 이런 생활 태도와 관련해서 개인적 참회(자신의 잘못을 사제에게 고백하고 죄를 용서받음)가 소리 없이 사라져 버렸다. 이러한 개인적 참회가 성례로 오해를 일으킬 가능성이 있다고 해서 칼뱅이 찬성하지 않았던 것이 그 원인이다. 이는 중대한 의의를 갖는 사건이었다. 개인적 참회가 사라진 것은 일단 칼뱅의 종교 사상이 사회적으로 작용했음을 나타내는 증거로서 의미가 있다. 또한 칼뱅 사상이 개인의 윤리적 태도에 심리적으로 자극을 주었다는 점에서 그 의미가 더욱 크다. 강화될 수 있는 죄의식을 개인적 참회라는 수단을 통해 주기적으로 진정시키던 것이 극복된 것이다.

칼뱅 사상이 일상생활의 윤리적인 행동에 미친 영향에 대해서는 다음에 다시 논의하기로 하자. 우선 여기에서는 칼뱅 사상이 당시의 종교적 상황에 미친 영향을 살펴보기로 한다. 칼뱅주의자들은 구원을 위해 참된 교회에 소속되는 것이 필요했음에도 불구하고, 깊은 내면적 고립감을 느끼는 상태에서 신과의 개별적이고 직접적인 교섭을 수행했다. 이런 독특한 분위기가 미친 영향을 직접 확인하고 싶은 사람은 청교도 문학 가운데서 가장 널리 읽혀진 버니언의 《천로역정》을 보면 될 것이다. 그중에서도 특히 주인공인 기독교인이 '타락한 도시'에 살고 있다는 각성을 하고 하늘의 도시로 순례를 떠나라는 부르심을 받은 뒤에 했던 행동을 묘사한 부분을 보면 충분할 것이다.

주인공은 처자식이 붙잡고 매달리며 말리지만 귀를 막고 들판을 가로질러 달려간다. 그러면서 주인공은 "생명, 영원한 생명." 하고 외쳤다. 한낱 수리공에 불과했던 버니언이 감옥에서 저술한 이 책은 당시 종교계로부터 극찬을 불러일으켰다. 이 책에서 표현된 한 기독교인의 소박한 심정은 그 어떤 세련된 필치도 능가하는 것으로 그 생각의 중심에는 청교도의 심정이 자리 잡고 있다. 그것은 오직 자신만을, 자신의 구원만을 문제 삼는 것이다. 주인공은 자신이 불안에서 벗어난 뒤에야 "가족이 곁에 있었더라면 더 좋았을 걸……." 하고 생각한다. 때로는 사람들을 끝없는 자기 비하로 몰고 갔던 죽음과 죽음 이후에 대한 고통스러운 생각은 청교도들로 하여금 삶에 대한 지속적이고 체계적인 투쟁을 불러일으켰다. 이는 어디에서 연유하는 것일까? 우선 칼뱅주의 신앙의 교리에 표현된 것부터 살펴보자.

칼뱅주의의 현세 지향성

세계는 오직 신의 영광을 위해 존재한다. 선택된 기독교인은 최선을 다해 신의 명령을 수행함으로써 신의 영광을 높이기 위해 존재하는 것이다. 그리고 오직 이것이 선택된 기독교인이 존재하는 이유기도 하다. 한편 신은 자신이 선택한 기독교인의 사회적 성취를 요구한다. 왜냐하면 신은 사회의 형성이 자신의 율법에 맞게 이루어져서 자신의 목적과 일치하기를 원하기 때문이다. 따라서 이 세상에서 행해지는 칼뱅주의자의 사회적 노동은 오직 '신의 영광을 더하기 위한' 노동인 것이며, 모든 사람이 현세적 삶에 봉사하는 직업 노동도 이러한 성격을 가진다.

이웃 사랑을 직업 노동의 근거로 이끌어 낸 루터의 사상에 대해 앞에서 언급했던 것을 기억할 것이다. 루터에게 이웃 사랑의 의미는 불확실하고 순수한 사상적 실마리에 불과했다. 그러나 칼뱅에 이르러서는 이웃 사랑의 의미가 그들 윤리 체계의 특별한 한 부분으로 자리 잡게 된다. 이웃 사랑은 신에 의해 만들어진 인간의 영예와 치욕을 위해서가 아니라 오직 신의 영광을 위해서 실천될 수 있는 것으로 무엇보다도 매일매일의 과제를 수행하는 데에서 나타난다는 것이다.

이 과정에서 이웃 사랑은 객관적이고 비인격적인 성격을 띠게 된다. 바로 우리들 자신을 둘러싸고 있는 사회 환경을 합리적으로 만들어 나가는 데 기여하는 봉사의 성격을 가지게 되는 것이다. 성서의 계시를 따른 것이건 또는 자연에 대한 통찰에 의한 것이건 간에 상관없이 이 놀라우리만큼 목적에 적합한 우주의 조직과 질서는 신에 의해서 인류의 효용에 봉사하고자 만들어졌다. 따라서 사회적인 효용을 위한 노동은 신의 영광을 위한 것으로 권장되어야 하고 이는 신이 원하는 바이기도 하다는 결론에 이르게 된다.

다른 종교들이 세계와 삶의 의미에 관한 문제를 해결하려고 고민했던 데 반해 청교도는 완전히 이를 배제했음이 분명하다. 이처럼 가능한 일에만 힘을 기울이는 칼뱅주의의 이른바 '힘의 경제'에 또 다른 비슷한 경향의 특징이 추가되었다. 그것은 바로 칼뱅주의가 종교 문제에 대한 모든 것을 개인들에게 맡겼음에도 불구하고 칼뱅주의와 개인 사이의 윤리적 갈등이 일어나지 않았던 점이다. 칼뱅주의 윤리의 공리주의적 성격도 여기에서 기원하며 칼뱅주의 직업관의 주요 특징도 여기에서 나온다 하겠다.

나는 선택받았는가?

이제 우리는 다시 한번 예정설에 대해 고찰하고자 한다. 우리에게 가장 핵심적인 의문은 어떻게 이러한 이론이 탄생했는가 하는 점이다. 당시는 현세보다 내세가 더 중요했던 때인데도 말이다.

'나는 과연 선택을 받았는가? 만일 내가 선택을 받았다면 그 사실을 어떻게 확신할 수 있는가?'

가장 중요한 이 한 가지 문제가 제기되자 다른 모든 문제들은 뒷전으로 밀려났던 것이 분명하다. 하지만 이 문제는 칼뱅 자신에게는 조금도 문제될 것이 없었다. 칼뱅은 자신을 신의 도구라고 여겼으며 자신의 구원에 대해 조금도 의심하지 않았다. 그래서 칼뱅은 "각자는 자신의 구원을 어떻게 확신할 수 있는가."라는 신도들의 물음에 대해 다음과 같은 기본적인 답변밖에는 할 수가 없었다.

우리는 단지 신의 결정이 있다는 것을 안다. 그리고 진정한 신앙을 통해 신을 끊임없이 신뢰하는 것에 만족해야 한다. 만일 다른 사람의 행동을 보고서 자신이 선택되었는지 혹은 버림받았는지를 알 수 있다고 생각한다면 이렇게 생각하는 것 자체가 신의 비밀에 관여하는 주제넘은 시도로서 비난받아 마땅하다. 선택받은 사람이라도 현세에서는 버림받은 사람과 겉으로 전혀 구별이 되지 않는다. 선택받은 사람의 모든 주관적인 신앙 체험도 끝까지 종교적인 믿음이 지속된다는 유일한 예외를 제외한다면, '성령의 장난'에 따라서는 버림받은 사람에게도 이는 충분히 있을 수 있는 일이다. 따라서 선택받은 사람은 신의 보이지 않는 교회 안에만 남아 있는 것이다.

이러한 칼뱅의 입장과는 달리 칼뱅의 추종자들, 특히나 광범위한 평신도 계층에게는 당연히 사정이 달랐다. 평신도들에게는 구원의 확신이 절대적으로 중요한 의미를 가지게 되었고, 예정설이 확립된 곳이라면 어디서나 확실한 구원의 표시가 있느냐에 대한 질문이 끊임없이 제기되었다. 개혁파 교회의 토대 위에서 최초로 성장하고 발전한 경건주의에서도 이 물음은 계속해서 중요성을 가졌으며, 어떤 의미에서는 가장 본질적인 물음이기도 했다. 뿐만 아니라 성찬의 교리와 의례를 행하는 방식이 갖는 정치적·사회적 의미를 파악해 보면 다른 교파에서도 각 개인의 구원을 확인하는 일은 17세기 전반에 걸쳐 중요한 역할을 했던 것으로 이해된다. 예를 들어 어떤 한 개인을 성찬 의례에 참석시키느냐 마느냐 하는 것도 이 문제와 관련되어 있었다. 성찬 의례에 대한 참석 여부는 참석자의 사회적 지위를 가늠하는 중대한 행위로 생각되었다.

구원의 표시

각 개인들이 자신의 구원 문제에 대해서 그저 칼뱅이 말하는 대로 '지칠 줄 모르는 신앙이 곧 은총의 징표를 나타내는 자기 증거'라는 입장에 머무르기란 불가능했다. 비록 칼뱅 사상은 원칙적으로 이러한 입장을 포기한 적이 없었지만, 이 교리가 불러온 모든 고난들과 맞서야 했던 교회로서는 다양한 방안을 강구해야만 했다. 그래서 예정설을 달리 해석하고 완화시키거나 완전히 포기하지 않는 이상 다음 두 가지의 서로 연관된 신앙생활에서의 권고가 특징적으로 나타났다.

첫째, 자신을 선택받은 사람으로 여기고 모든 의심을 악마의 유혹으로 여겨 이를 물리쳐야 한다는 것이 의무화되었다. 왜냐하면 자기 확신의 결여는 불충분한 신앙의 결과고 은총이 충분하지 못한 데서 나오기 때문이다. 일찍이 사도들의 "자신이 소명을 받았음을 확실히 하라."라는 권고는 이제 자신이 선택받았음에 대한 확신과 정당성을 일상생활의 투쟁 속에서 얻어 내야 한다는 식으로 해석되었다. 바로 여기에서 자본주의가 발달한 시기에 나타났던 강철같이 단단한 청교도 상인과 오늘날에도 개별적 사례들에서 발견할 수 있는 자신감 넘치는 기독교 신자가 길러졌던 것이다. 이는 루터가 은총을 약속했던, 죄를 회개하고 참회하는 죄인의 모습과는 사뭇 다른 것이었다.

둘째, 이러한 자기 확신에 도달하기 위한 가장 훌륭한 수단으로 강조되었던 것이 바로 끊임없는 직업 노동이었다. 오직 노동만이 종교적인 회의를 떨쳐 버릴 수 있고 구원에 대한 확신을 준다는 것이다. 세속적인 직업 노동이 종교적인 불안감을 진정시켜 주는 적절한 수단이 될 수 있다는 것은 개혁파 교회에 널리 퍼져 있던 종교적 감정에 그 뿌리를 두고 있다. 이러한 특징은 루터주의와 분명히 다른 차이점을 보여 주었고 의인 신앙의 정당화 과정에서 더욱 확실하게 드러났다. 슈네켄부르거의 탁월한 강연은 예정설과 루터주의 사이의 객관적인 차이를 잘 분석했다고 평가된다. 따라서 다음에 언급한 것들은 본질적으로 슈네켄부르거의 설명에 의존한 것임을 밝혀 둔다.

루터의 합일 사상

17세기에 발전한 루터 교회의 신앙이 추구했던 최고의 종교 체험은 신과의 합일이었다. 이 표현이 말하는 대로라면 신의 실체를 느끼는 것이 중요하다. 즉 이것은 믿음을 가진 신자의 영혼 속으로 신이 실제로 들어왔다는 느낌을 말한다. 그리고 이 신과의 합일은 신의 품 안에서 안식을 구하는 신자의 갈망이 충족되는 수동적인 성격과 신앙 안에서 평온을 구하는 순수한 감정적 내면성을 그 특징으로 꼽을 수 있다. 역사적으로 잘 알려진 것처럼 신비주의(책이나 교회, 또는 미사나 여타의 종교적 의식을 통해서가 아니라 직접적인 체험을 통해 하느님을 알아야 한다는 입장)로 기울어진 신앙 자체는 매우 실제적인 현실 감각과 잘 조화될 수 있으며 때로는 현실 감각의 직접적인 토대가 되기도 한다.

또한 신비주의는 합리적 생활 방식에 간접적으로 도움을 줄 수 있음에도 불구하고 현실 세계에서 행하는 행위에 대해 어떠한 긍정적인 평가도 하지 않는다. 더구나 루터주의의 '신과의 합일'에는 인간이 원죄 때문에 무가치한 존재라는 원초적 감정이 결합되어 있었다. 인간의 원죄에 그 원인을 둔 이러한 감정은 루터 교회 신자들이 속죄하기 위해 필요했던 겸손과 소박함을 유지해 주었기에 '일상의 회개'를 계속할 수 있었다.

이와는 대조적으로 루터 이후의 개혁파 신앙은 현실 도피나 내면 지향적인 감정적 신앙을 처음부터 거부하면서 기존의 입장과는 다른 주장을 했다. 신자의 영혼에 신이 들어온다는 루터 교회의 교리는 신에 의해 만들어진 모든 사물에 대해 신은 절대적으로 초월한다는 관점에 비추어 볼 때 결코 있을 수 없는 일이라 해서 배제되었다. 인간은 신에 도달할 수 없다는 것이다. 신과 은총 받은 사람들 사이의 합일이란 오직 신이 그들 속에서 작용하고 그들이 이 점을 의식하는 경우에만 발생한다. 말하자면 사람들의 행위가 신의 은총에 의해 생겨난 믿음에서 유래하고, 이 믿음은 다시 그런 행위만이 갖는 특별한 신의 섭리에 의해 정당화될 때에만 발생한다는 것이다. 바로 여기에서 구원 상태에 관한 결정적인 차이가 나타난다.

구원에 대한 자기 확신의 방법

구원 상태에 대한 입장은 모든 실천적 종교 전반을 분류하는 데 적용되었다. 종교의 대가들이 자신의 구원을 확신할 수 있었던 것은 크게 두 가지 경우로 볼 수 있다. 하나는 자신을 성령의 그릇으로 느끼는 것이며, 다른 하나는 자신을 신의 도구로 생각하는 것이다. 앞의 경우에는 종교 생활이 신비적으로 기울어지고 뒤의 경우에는 금욕적 행위로 기울어지는 경향이 있었다. 루터가 앞의 경우를 대표한다면 칼뱅은 뒤의 경우에 속한다. 칼뱅도 '신앙만으로' 구원받기를 원했다는 점에서는 루터와 다르지 않다. 그러나 칼뱅은 모든 단순한 감정이나 기분이 제아무리 숭고해 보이더라도 결국은 자신을 속이는 것이므로 신앙이 구원받을 수 있는 믿을 만한 근거가 될 수는 없다고 했다. 신앙은 오직 객관적인 결과에 의해 증명되어야 하는 것이다. 요컨대 사보이 선언(영국 사보이 궁전에서 교회 대표들이 참석해 발표한 교회 규칙과 이념에 관한 선언문)에 나오듯이 신앙은 '유효한 신앙'이어야 하며, 소명은 '유효한 소명'이어야 한다는 것이다.

　한 걸음 더 나아가 개혁파 교회에서 진정한 신앙의 지표로 삼았던 것이 무엇이었느냐고 묻는다면 그 대답은 "신의 영광을 높이기 위해 봉사하는 기독교인의 생활 방식"일 것이다. 그렇다면 신의 영광을 높이는 것이 무엇인지를 어떻게 알 수 있는가? 직접적으로 알 수 있는 것은 신의 의지를 보여 주는 성서를 통해서다. 그리고 간접적으로는 목적에 적합하게 신이 창조한 세계의 질서 속에서 그 해답을 얻을 수 있다. 특히 성서에서 선택받은 사람으로 언급되는, 예컨대 장로들과 자신을 비교함으로써 자신이 구원받을 수 있는지 살필 수 있다.

선택받은 사람만이 실제로 유효한 신앙을 가지며, 그런 사람만이 부활과 그에 따른 성화(성스러운 존재로 거듭나는 것), 그리고 현실적 선행을 통해 신의 영광을 높일 수 있다. 또 선택받은 사람만이 자기 내면의 살아 있는 힘에 근거해 자신의 행위로 신의 영광을 높인다. 그래서 자신의 행위가 신이 원하는 것일 뿐만 아니라 신이 행하는 것이라는 점을 깨닫게 되면 그 선택받은 사람은 신앙이 추구하는 최고의 가치, 즉 구원의 확신에 이르게 되는 것이다.

사실 선행이 구원을 얻는 수단이 되기에는 절대적으로 부적절하다. 왜냐하면 아무리 선택받은 사람이라 하더라도 인간은 신이 창조했으며 인간이 행하는 모든 것은 신의 요구에 훨씬 못 미치기 때문이다. 그럼에도 불구하고 선행은 구원의 꼭 필요한 징표기도 하다. 그 이유는 선행이 구원을 얻는 수단이 될 수는 없지만 불안을 떨쳐 버리는 수단은 되기 때문이다. 이런 의미에서 선행은 구원을 위해 없어서는 안 될 것이라고 직접적으로 표현되거나 '구원의 획득'과 결부되었다. 근본적으로 이 말의 의미는 '신은 스스로 돕는 사람을 돕는다.'라는 것이다. 칼뱅주의자들은 자신의 구원에 대한 확신을 스스로 만들어 냈던 것이다. 그러나 이 스스로 만들어 낸 확신이 갖는 성격은 가톨릭에서처럼 개별 공적을 점진적으로 쌓아감으로써 도달하는 구원에 대한 확신과는 달랐다. 그것은 매 순간 선택받았는가 버림 받았는가 하는 두 가지의 선택 앞에서의 체계적인 자기 심사에 달려 있는 것이다.

칼뱅주의의 생활 방식

이제 우리는 우리의 고찰에서 매우 중요한 문제에 도달했다. 개혁파 교회와 종파에서 점차 명료하게 형성되던 행위를 통해 구원을 얻는다는 사고방식을 위선적인 교리라고 비판한 것이 바로 루터교였다. 개혁파 교회의 평신도들이 일상생활에서 보여 준 신앙의 실천들이 가톨릭과 별로 다를 것이 없다는 루터교의 비판은 상당히 타당해 보이기도 한다. 사실 칼뱅주의는 일찍이 유례를 찾아볼 수 없는 강력한 형태의 도덕적 행위를 자신의 신도들에게 요구했기 때문이다. 하지만 업적을 통한 구원이 갖는 실제적 의미와 관련해서 우리가 주목해야 할 부분은 따로 있다. 중세 기독교인들의 일상생활과는 구별되는 칼뱅주의자들의 새로운 생활 방식이 보여 준 특징을 인식하는 것이 가장 핵심이다. 이에 대해서는 다음과 같이 설명할 수 있다.

중세의 일반적인 가톨릭 신도들은 그날 벌어서 그날 먹고 살았다. 당연히 전통적인 의무를 성실히 이행했지만 이를 넘어서는 선행이란 우연히 발생하는 개별적인 행위거나 그러한 개별적 행위의 반복에 지나지 않았을 것이다. 예를 들어 구체적으로 어떤 죄를 지었을 때에 속죄와 보속(죄로 인한 나쁜 결과를 보상함)으로 선행을 실천했거나 사제의 영향을 받아서, 또는 죽음을 앞두고 천국에 가기 위한 일종의 보험금 형태로 선행이 행해졌던 것이다.

개개인의 행위는 행위자 자신에게 그 책임이 있으며, 그 행위가 자신의 현재와 내세에 영향을 미치는 것도 사실이라고 보았다. 하지만 인간이란 존재는 서로 충돌하는 다양한 욕구들에 의해 영향을 받는 모순 상태에 있다. 따라서 인간은 명확히 규명되고 평가될 수 있는 통일체가 아니라고 보았던 것이 교회의 입장이었다. 그럼에도 불구하고 교회는 인간에게 근본적인 삶의 변화를 이상으로 요구했다. 그런데 이러한 교회의 요구는 가톨릭 신앙의 핵심적인 특성과도 깊이 관련되어 있는 고해성사에 의해서 약화되었다.

구원의 수단으로 마법을 배제하는 일, 이른바 세계의 탈마법화가 경건한 청교도와는 달리 가톨릭 교회에서는 철저히 지켜지지 않았다. 가톨릭 교회가 행하는 성찬 의례의 은총은 가톨릭 신자에게 자신의 부족함을 메워 주는 수단이 되었다. 사제는 성찬의 변체(밀떡과 포도주를 성체와 성혈로 바꾸는 변화) 기적을 행하는 일종의 마법사였다. 신도들은 회개와 참회 속에서 사제에게 의지했다. 이는 칼뱅주의자들이 겪어야만 했던, 그 무엇을 통해서도 빠져나오거나 위안받을 수 없었던 엄청난 긴장에서 가톨릭 신자들이 벗어날 수 있도록 해 주었다.

칼뱅주의의 신은 자신의 신도에게 개별적인 선행을 요구했을 뿐만 아니라 훌륭한 행위를 통해 이루어지는 하나의 삶의 체계를 요구했다. 가톨릭에서 나타나는 '죄→회개와 속죄→평안→새로운 죄'로 이어지는 지극히 인간적인 흔들림과 안정 사이의 변화를 칼뱅주의에서는 기대할 수 없었다. 또한 칼뱅주의에서는 전 생애 동안에 범하는 죄를 현세에서의 형벌을 통해 속죄하고 교회를 통해 청산한다는 것도 있을 수 없었다.

이로써 일상생활 속에서 사람들이 행하는 윤리적 실천은 무계획적이고 비체계적인 성격을 벗어나 삶의 전 영역에 걸쳐 일관된 방식으로 발전했다. 또한 교회의 어떤 제도를 실천하는 것, 특히 면죄부라는 제도는 현세적 금욕에 대해 체계적으로 반대하는 작용을 하는 것으로 여겨졌다. 이 때문에 종교 개혁 시대에 면죄부는 사소한 잘못이 아니라 결정적이고 근본적인 해악으로 생각되었다. 그러나 정작 중요한 점은 다음과 같은 사실이다.

세속에서의 종교적 귀족주의

종교적인 의미에서 가장 완벽한 삶을 살아가는 사람은 다름 아닌 수도승이었다. 그럴 수밖에 없었던 것이, 성자의 삶이란 세속적인 윤리의 극복을 통해서만 가능하기 때문이다. 금욕주의가 개인을 사로잡을수록 개인의 삶은 더욱 일상에서 멀어져 갔다. 이러한 생각을 최초로 배격한 사람이 루터였으며, 칼뱅은 루터로부터 이 점을 물려받았을 뿐이다. 물론 루터는 개인적인 경험에서 출발했고, 처음에는 그 결과에 대해 다소 망설이는 면도 있었으나 정치적 상황에 떠밀려서 계속 추진할 수밖에 없었다.

세바스티안 프랑크(독일 신비주의 사상가의 한 사람. 직관에 의해 신이 드러내는 진리를 인식할 수 있다고 주장했으며 반문화적이고 반교회적인 종교 운동을 펼침)가 종교 개혁의 의미를 "이제 모든 기독교인은 일생 동안 수도승이 되어야 한다."라고 표현한 것은 핵심을 찌르는 말이었다. 세속적인 일상생활에서 금욕이 무너지는 것을 막으려고 신앙의 벽이 세워졌다. 지금까지는 열정적인 진지함을 내면에 갖춘 사람들이 수도원에 최고의 인재를 공급해 왔다면, 이제 이들은 세속적인 직업 생활 속에서 금욕적인 이상을 추구하게 되었다.

칼뱅주의는 이 과정에서 적극적인 요소 하나를 덧붙였다. 세속적인 직업 생활에서 믿음을 증명할 필요가 있다는 사상이 바로 그것이다. 이로써 칼뱅주의는 종교를 지향하는 많은 대중들을 금욕으로 향하도록 만든 긍정적인 동기를 제공했다. 또 윤리적인 기초를 예정설에 두었기 때문에 세속에서 벗어난 수도승의 종교적 귀족주의를 예정된 신앙을 따르는 세속의 신자들에 의한 종교적 귀족주의로 대체했다.

칼뱅이 제시하는 종교적 귀족주의에 의하면 선택받은 사람은 선택받지 못한 다른 사람들과는 서로 엄격하게 분리되어 있다. 그리고 그 분리의 차이는 결코 메울 수 없다. 그런데 이들을 갈라놓은 깊은 단절은 중세 수도승들이 속세와 단절되었던 것보다 훨씬 더 철저한 것이었고 모든 사회관계 속으로 날카롭게 파고들었다. 왜냐하면 신의 은총이라는 관점에서 볼 때 이른바 선택받은 사람이 이웃의 죄에 대해 이해하고 도와줄 필요가 없었기 때문이다. 도리어 죄를 지은 사람은 영원한 저주를 받은 신의 적이므로 그 사람에게 증오와 경멸을 보내는 것이 마땅하다고 여겼다. 신의 영광을 위해서는 구원받지 못한 사람이 교회 안에 있다는 것, 또 성찬 의례에 참여하는 것 역시 옳지 못한 일일 뿐만 아니라 심지어 그런 사람이 성직자로서 성찬 의례를 주관하는 것은 신을 모독하는 일이라는 믿음이 확실하게 자리 잡은 경우도 있었다.

이러한 태도가 강화되어 독립 분파를 형성할 정도로 발전하기도 했다. 또 거듭났다고 증명된 사람들의 공동체라는 '순수한 교회'에 대한 요청이 있었기에 새로운 교회를 형성하지는 않더라도 다시 태어난 사람과 그렇지 못한 사람을 구별해 다시 태어난 사람에 대해서만 교회 운영이나 교회 안의 특별한 지위를 허용해야 한다는 주장이 나오기도 했다. 그리고 다시 태어난 사람으로 한정해서 설교를 허용해야 한다는 등 교회 제도의 형태를 바꾸려는 다양한 시도들이 이루어졌다.

칼뱅의 성서주의

그렇다면 이 금욕적 생활 태도가 필요로 하고 항상 의지할 수 있었던 확고한 규범은 어떻게 제시되었을까? 이는 바로 성서를 통해서다. 칼뱅주의의 '성서주의' 가운데 가장 중요한 내용은 다음과 같이 요약할 수 있다. 즉, 구약성서도 성령에 의한 것이므로 신약성서와 동등하게 권위를 가졌다고 보았다. 다만 유태인의 역사적 상황에만 적용되는 도덕적 계율이나 그리스도에 의해서 명확하게 부정된 것이 아닌 한에서는 말이다. 한 예로 구약성서의 율법은 신도들이 결코 도달할 수는 없지만 이상적인 규범으로 제시되었다.

이와는 대조적으로 초기에 루터는 율법의 구속으로부터 자유로워지는 것이 신이 우리에게 부여한 특권이라고 강론했다. 청교도들은 자신들이 가장 많이 읽었던 책들 중의 하나인 솔로몬의 〈잠언〉과 다수의 〈시편〉에 나오는 내용을 높이 찬양했다. 그래서 신을 열렬하게 찬양하면서도 매우 냉철한 유태인들의 삶의 지혜를 청교도들의 생활 분위기에서 발견할 수 있다. 특히 신앙의 신비적이고 감정적인 측면을 억제하는 청교도의 합리적 특성은 구약성서의 영향이라고 할 수 있다. 그러나 구약성서에서 보이는 합리주의는 본질적으로 소시민적이고 전통주의적인 성격을 띠었으며, 선지자나 〈시편〉의 강렬한 열정과 더불어 이미 중세 기독교의 정감적인 신앙을 발전시키는 계기가 되었다. 따라서 칼뱅주의는 구약성서의 경건성이라는 구성 요소를 자신의 것으로 동화시키면서 이를 무조건 다 따르기보다 선택적으로 받아들였다.

칼뱅의 금욕적 프로테스탄트 사상

이렇게 구약성서의 경건성을 동화시킨 요인은 칼뱅주의 자체가 지닌 고유하고 기본적인 성격, 특히 금욕적인 성격 때문이었다. 실제로 칼뱅주의에 기초한 프로테스탄트의 금욕주의가 생활 윤리로 자리 잡게 된 것은 바로 청교도가 자신의 은총 상태를 끊임없이 점검하는 엄격함 때문이었다. 이 점에서는 가톨릭 교단에서 질서를 강조하는 합리적 생활 형태와 공통점을 보인다. 물론 죄와 유혹, 그리고 은총 안에서 이루어진 인류 역사의 진보 등이 순서대로 적혀 있는 종교적 일기는 제수이트 교단(1540년 로욜라와 사비에르 등이 설립한 가톨릭 수도회로 엄격한 수도와 헌신, 봉사를 지향함)에 의해 성립된 근대 가톨릭과 열렬한 개혁파 교회 모두에게 공통된 것이었다. 그러나 가톨릭의 경우에는 이 종교적 일기를 참회의 완성이라는 목적을 위해 사용하거나 소위 영혼의 지도자들이 신도들, 특히 여성 신도들을 권위적으로 지도하는 토대로 삼았다. 반면에 개혁파 교회에서는 이 종교적 일기의 도움을 받아 스스로를 점검했다. 이 종교적 일기는 대부분의 유명한 도덕 신학자들이 언급했지만 그중에서도 특히 프랭클린을 주목하게 된다. 프랭클린이 개별적 덕목들과 관련해서 자신의 발전을 기록한 일람표와 통계표를 활용해 일기를 쓴 것은 이에 관한 고전적 사례로 잘 알려져 있다.

이와는 좀 다른 이야기지만 '신의 장부에 인간 개개인의 행위를 낱낱이 기록한다.'라는 생각은 이미 고대부터 존재하고 있었고 중세에도 널리 알려져 있었다. 그러던 것이 버니언에 이르러서는 죄인과 신의 관계를 고객과 상인의 관계로 비유하는 극단적인 형태로 표현되었다. 말하자면 한번 빚을 지게 되면 자신의 모든 수입을 다 바치더라도 늘어난 이자만을 갚을 뿐, 결코 원금까지 모두 갚을 수는 없다는 것이다. 후기의 청교도들은 자신의 행동뿐만 아니라 삶의 모든 과정에서 신의 세세한 손길을 보았다. 그래서 프로테스탄트에게 삶을 성스럽게 하는 것은 일종의 영리 활동의 성격까지 띠게 되었다.

이러한 윤리적 생활 방식을 강요했던 칼뱅주의는 루터주의와는 달리 결과적으로 인간의 삶 전체를 철저히 기독교적으로 만들었다. 또한 우리가 칼뱅주의의 영향을 올바르게 이해하기 위해서는 윤리적 생활 방식이 기독교인의 삶에 결정적인 영향을 미쳤다는 사실을 항상 염두에 두어야 한다. 이로써 나오는 결론을 정리해 보면 첫째, 칼뱅주의의 생활 방식만이 인간의 삶에 영향을 미칠 수 있었다는 점과 둘째, 다른 종파도 '증명 사상(자신이 선택받았음을 현실의 생활에서 증명한다는 사상)'이라는 결정적 사항에서 윤리적 동기가 칼뱅주의와 일치한다면 그 또한 같은 결과를 낳을 수밖에 없었다는 점이다.

예정설과 금욕주의

지금까지 우리는 칼뱅주의 신앙의 토대 위에서 논의를 계속했다. 따라서 청교도 윤리의 배경으로 예정설을 내세웠고, 바로 이 예정설이야말로 청교도에게 합리적인 윤리적 생활 방식을 만들어 주었음을 지적했다. 이렇듯 우리가 예정설을 주목한 이유는 칼뱅의 입장을 견고하게 지킨 장로교를 비롯한 모든 개혁파 교리에서 예정설의 위치가 확고했기 때문이다. 실제로 이 예정설은 독립파의 사보이 선언뿐만 아니라 침례교 지도자의 신앙 고백 속에서, 그리고 다른 많은 경우에도 빠짐없이 등장했다.

많은 변화를 가져왔던 17세기, 이 예정설은 성스러운 삶을 살고자 끊임없이 노력하던 당시 사람들에게 자신들이 신의 도구자 섭리의 집행자라는 생각을 갖게 해 주었다. 또한 이 예정설이 있었기에 현세적 공리주의의 위선에 빠지는 위험을 피할 수 있었다. 사실 단순한 공리주의의 힘만으로는 그처럼 비합리적이고 이상적인 목적을 위해 사람들 스스로가 엄청난 자기 희생을 받아들이도록 하는 것은 불가능했을 것이다.

칼뱅주의의 예정설이 사람들의 생활 방식에 금욕적인 경향을 낳게 한 사실은 루터주의와 사뭇 대조된다. 참회를 통해 언제든지 다시 얻을 수 있는 이른바 루터주의의 '상실 가능한 은총'은 우리의 삶 전체를 윤리적이고 합리적으로 형성하는 데 아무런 추진력도 주지 못했다. 루터주의는 충동적인 행위와 순박한 감정에 입각한 생활을 그대로 내버려 두었다. 거기에는 칼뱅주의 교리가 포함하고 있는 끊임없는 자기 통제와 인생에 대한 계획적인 규제를 이끌어 내는 요인이 존재하지 않는다. 루터는 이렇게 자유롭고 개방적인 분위기 속에서 자유로운 삶을 살았고, 자신의 활동력이 미치는 한 '자연 상태'로 타락할 위험성도 거의 없었다.

또한 루터주의의 많은 교파에서는 정감이 넘치는 단순한 신앙의 모습이 발견된다. 이처럼 루터주의가 가진 자유로운 도덕성을 청교도주의에서는 거의 찾아보기 어렵다. 그렇지만 루터교의 평신도들이나 또는 가장 성실하다는 신도들조차도 개별적인 참회나 설교를 통해 자연 상태에서 벗어나는 일은 일시적인 현상에 지나지 않았다는 것이 명백하다. 당시에 널리 알려졌던 것처럼 이른바 루터교 영주들의 폭음과 난잡한 생활은 개혁파 교회의 귀족들이 보여 주었던 도덕적 수준과는 현격한 차이를 드러냈던 것이다. 이에 대해 루터교 성직자들은 고작 신앙 설교를 하는 것 외에는 별다른 대처를 하지 못했다.

청교도주의와 루터주의의 확실한 차이점은 앵글로 아메리카와 독일 사람들을 비교해도 알 수 있다. 앵글로 아메리카 사람들이 갖고 있는 청교도적인 분위기는 그들의 용모와 표정에서마저 자연 상태의 솔직함을 상실했음을 알 수 있다. 이에 반해 독일 사람들은 여전히 여유와 솔직함을 보여 주고 있다. 독일 사람들이 앵글로 아메리카 사람들의 생활 방식에 대해서 편협함, 부자연스러움, 그리고 내면적인 구속이라는 표현을 사용하며 불쾌감을 드러내는 것은 근본적으로 루터주의가 칼뱅주의보다 덜 금욕적인 생활 태도를 허용한 데 그 원인이 있다고 본다. 다시 말해서 개방적이고 자유로운 인간이 금욕주의에 대해 갖는 반감을 이러한 인상으로 표현한 것이라고 이해할 수 있다.

앞으로 살펴보겠지만 신앙의 금욕적 성격을 결정하는 심리적 요인은 다양한 종류의 종교적 동기에 의해서 만들어졌다. 칼뱅의 예정설은 그중 하나에 불과했다. 하지만 우리는 칼뱅주의가 다른 교파들과는 완전히 구별되는 특별한 결과를 거두었을 뿐만 아니라 탁월한 심리적 효과까지 가지고 있음을 확신한다. 칼뱅주의 이외에 이후의 종교사 발전 과정에서 나타난 금욕 운동도 종교적 동기에서 보면 칼뱅주의와 별개의 것이라기보다는 칼뱅주의의 내적 철저함이 다소 약화된 형태로 보인다. 역사적 발전 과정에서 대부분의 금욕주의 운동은 칼뱅주의를 모방한 것이거나 비교하고 보완하면서 채택된 것으로, 본질적으로는 모두 칼뱅주의에서 유래한 것이라 하겠다.

2) 경건주의

경건주의의 출발점

경건주의라고 불리는 금욕주의 운동의 출발점 역시 예정설이었다. 금욕주의 운동이 개혁파 교회 안에서 전개되는 동안은 경건주의적 칼뱅주의와 비경건주의적 칼뱅주의 사이에 명확한 선을 긋기가 어려웠다. 청교도주의의 대표자들 대부분은 종종 경건주의자로 간주되기도 했다. 그런 만큼 '구원의 확신'에 대한 주관적인 관심과 함께 경건주의의 영향을 받아 발전한 것이 칼뱅주의의 예정설이라고 보는 견해도 어쩌면 당연할지 모른다.

개혁파 교회 가운데서도 특히 네덜란드에서 금욕주의가 부흥한 것은 잊었거나 약화되었던 예정설의 재현과 항상 결부되어 나타났다. 반면 영국에서는 경건주의라는 개념을 거의 사용하지 않았다. 하지만 네덜란드와 독일 라인 강 하류 지역, 이른바 대륙의 개혁파 교회가 지향했던 경건주의는 그 주요한 부분들 상당수가 베일리의 신앙과 똑같이 개혁파 교회의 금욕주의를 강화한 것이었음이 분명하다. 경건한 실천이 강조되었으므로 교리의 정통성은 뒷전으로 밀려났고 때로는 전혀 관심의 대상이 되지 못했다.

경건주의는 공식적으로 여전히 교회에 속해 있었으나 교회에 대한 불신으로 세상과 동떨어진 독립 공동체—이는 가정 집회(가정에서 돌아가며 하는 신도들의 모임)의 형식을 취했다—라는 형태로 경건한 실천의 추종자들을 모으기 시작했다. 이러한 현상이 나타났던 이유는 구원이 예정된 사람들도 때로는 교리상의 오류를 범할 수 있다는 생각을 함께 하고 있었기 때문이다. 또한 전문적인 신학을 전혀 모르는 일반 신도들이 신앙의 열매를 확신할 수 있는 경우를 많이 경험했기 때문이다. 신학적인 지식을 갖추었다는 것만으로는 행동을 통한 신앙을 증명하고 확신할 수 없었다. 다시 말해서 선택받았음은 결코 신학적인 지식으로 증명될 수 없는 것이라고 여겼다.

경건주의의 특징

경건주의는 신자들의 보이지 않는 교회를 지상에 세우고자 했다. 그렇지만 새로운 교회의 분파를 형성하려 했던 것은 아니며, 교회 공동체 속에 남아서 세상의 모든 유혹에 냉담하고 모든 세밀한 부분까지도 신의 뜻과 의지에 맞게 살아가고자 했다. 그렇게 해서 진정한 참회자들의 '작은 교회' 안에서 보다 철저한 금욕을 실천함으로써 현세에서도 신과의 합일이라는 축복을 누리고자 했다.

이러한 경건주의의 경향은 루터주의의 신과의 합일과도 내면적으로 관련을 갖고 있어서 개혁파 신앙인들에 비해서 훨씬 정서적이고 감성적인 면을 강조하는 편이었다. 그리고 이것은 경건주의의 가장 결정적인 특징이라고 하겠다. 그런데 경건주의의 이러한 감정적인 요소는 중세 신앙의 특성과 관계있는 것으로, 칼뱅주의 신앙과는 근본적으로 거리가 멀다. 경건주의는 내세에서 구원을 얻기 위해 금욕적으로 고행하는 것보다는 현세에서 구원의 기쁨을 누리자는 방향으로 신앙을 이끌었기 때문이다. 뿐만 아니라 경건주의는 수많은 사례에서도 나타나듯이 감정이 극도로 강해지면 신앙이 히스테리적인 성격을 가지게 된다는 것을 보여 주었다. 종교적 무아경의 황홀감과 신으로부터 선택받지 못했다는 정신적 허탈감이 교차해 일어나는 상태에 빠지기도 했다. 그래서 엄격하고 냉정한 규율을 자신의 신성한 삶 속에서 체계화했던 청교도들과는 정반대의 신앙이 자라났다. 즉 칼뱅주의자들이 감정을 배격하고 합리적인 생활을 지켜 나가고자 세웠던 절제의 벽이 경건주의에서는 약화되었던 것이다. 그리고 신이 창조한 인간의 타락성에 대한 칼뱅주의의 입장을 감정적으로 받아들이게 되면서 경건주의의 인간에 대한 이해는 '벌레라는 느낌'으로 변질되었다.

예정설 역시 원래의 순수하고 합리적인 신앙으로서의 경향과는 정반대로 태어날 때부터 정해졌다는 숙명론으로 변질되는 경우마저 생겨났다. 그리고 끝으로 선택된 사람을 세속으로부터 분리시키려는 충동은 일종의 수도원 공동체 조직을 낳기도 했다. 위에 열거된 이러한 현상들은 경건주의가 반복해서 보여 준 현상이었고 일부 개혁파 교회에서도 나타나곤 했다.

독일 경건주의의 대표자들

루터교의 토대에 서 있는 독일의 경건주의는 슈페너, 프랑케, 친첸도르프 등과 결합하면서 예정설로부터 벗어났다. 그러나 예정설을 최고의 이론으로 삼는 그 사상 경향에서 완전히 벗어난 것은 아니었다. 어쨌든 우리의 특수한 관점에서 볼 때 경건주의가 의미하는 것은 방법적으로 지향되고 통제된 금욕적인 생활 방식이 칼뱅주의와는 다른 입장에 선 신앙의 영역에서 나왔다는 것이다.

독일 개혁파 교회의 대표적인 지도자였던 슈페너는 선행이 신에게 영광을 돌리려는 의도로 행해지는 것이라고 하며, 체계적인 종교 생활 방식을 교리로 정립하기 위해 영적으로 거듭난 사람은 그렇지 못한 사람에 비해 상대적으로 기독교적 이상을 더 잘 완성할 수 있다는 개혁파 교회의 신앙을 루터주의와 결합시켰다. 그런데 슈페너는 신비주의의 영향을 받았던 관계로 체계적인 기독교의 생활 방식에 관해서는 다소 불확실한 설명으로 그쳤으며 이론의 철저함도 부족했다. 또한 구원의 확신에 대해서도 증명 사상 대신에 루터주의와 같은 느슨한 방식이 적용되었다. 그럼에도 경건주의 내부에서 합리적 금욕주의의 요소가 감정적인 요소를 압도하게 되면서 우리가 중요하게 여기는 본질적인 사상들이 마침내 제 목소리를 내었던 것 또한 사실이다.

독일 경건주의의 또 다른 대표자인 프랑케는 직업 노동을 최고의 금욕적 행위로 보았다는 점에서 청교도주의와 통하는 면이 있다. 프랑케는 노동의 결과를 통해서 신이 신도들을 축복한다고 확신했다.

그렇게 해서 신의 은총을 받아 특별히 거듭난, 이른바 선택받은 사람들만의 귀족주의를 확립했는데 이는 칼뱅주의와 본질적으로 다르지는 않지만 다소 약화된 형태라고 볼 수 있다.

이런 프랑케의 생각을 살펴보면, 은총은 누구에게나 보편적으로 주어지지만 모든 사람에게 일생에 단 한 번밖에 주어지지 않거나, 생애 최후의 순간에 한 번만 주어진다고 가정한다. 그런데 이 순간을 놓친 사람에게는 은총의 보편성도 아무 소용이 없다. 그렇게 되면 그 사람은 칼뱅주의에서 말하는 신이 외면한 상태에 놓이게 되는 것이다. 경건주의를 반대하는 사람들은 이에 대해 '기한주의'라고 비판하기도 했다. 가령 프랑케가 개인적 경험 속에서 뽑아낸 경건주의 전체에 전파한, 즉 은총이란 미리 참회를 거친 뒤에만 갑자기 나타날 수 있는 특별한 상황이라는 가정이 이 기한주의와 매우 유사하다. 경건주의자의 입장에서 볼 때 이런 경험은 모든 사람이 다 할 수 있는 것이 아니므로 이를 위해서 금욕적인 방법이 권장되었다. 그럼에도 이러한 체험을 하지 못하는 사람들은 이른바 거듭난 사람의 눈으로 볼 때 단순히 수동적인 기독교인에 지나지 않는 것이다.

한편 참회를 불러일으키는 금욕적인 방법이 나타남에 따라 신의 은총을 얻는 것 자체가 합리적 행위의 대상이 되었다. 그리고 경건주의자들이 모두 다 그랬던 것은 아니지만 많은 경건주의자들은 개인적 참회에 반대했다. 이는 참회가 은총의 수단이 될 수 없으며 오직 선택된 사람에게만 신의 은총이 주어진다는 은총 귀족주의에서 나온 것이었다. 루터주의 역시 개인적 참회를 없애는 데 힘을 보탰다. 그 이유인즉 참회를 통해서 신의 용서를 얻느냐 못 얻느냐 하는 것은 개인의 품성과 행실이 신성하게 변화되는 속에서 신의 은총이 눈에 보이게 드러나야만 결정할 수 있는 것이기 때문에 단순히 참회하는 것만 가지고 신의 용서를 받기에는 부족하다는 것이다.

독일 개혁파 교회의 또 한 명의 지도자인 친첸도르프의 사상은 정통파의 공격을 받아 때로 동요되기도 했으나 항상 '신의 도구'라는 사상으로 결론을 맺었다. 친첸도르프는 스스로를 '바울-루터주의적 경향'의 대변자로 자처했으며 율법을 고집하는 '야곱-경건주의적 경향'에 반대한다고 밝혔다. 하지만 그 자신이 항상 루터주의를 강조했음에도 불구하고 친첸도르프가 장려한 형제단과 그 활동은 공식 문서에 나타난 바와 같이 칼뱅주의의 종교적 귀족주의와 많은 점에서 일치한다. 장로의 권한은 오직 예수에게만 있다는 1741년에 밝힌 이 결정은 이러한 입장의 외적 표현으로서 기억할 만한 유명한 사건이었다.

친첸도르프는 본질적인 측면에서 개혁파의 직업윤리를 지향했는데, 의로움을 얻은 사람이라면 비록 그 자신은 모른다 할지라도 남들은 그 사람의 행동 방식에서 의인임을 알 수 있다는 청교도적 견해를 주장했다. 그러나 신앙의 감정적 측면을 강하게 드러낸 측면이 있었고, 그 결과 친첸도르프는 자신의 교회 안에서 청교도적 금욕을 신성화하려는 경향을 단호하게 저지시키려 했다. 행위를 통한 구원을 위선이라고 해석한 점은 친첸도르프와 루터주의가 일치하는 부분이다.

또한 친첸도르프는 가정 집회를 반대하고 고해 행위를 유지해야 한다는 주장을 받아들임으로써 성례를 구원 매개로 보는 루터주의적 사고 위에 몇 가지 특별한 규칙을 덧붙였다. 사실 친첸도르프 자신의 종교적 감정이 순수하고 진실한 것이었음을 고려할 때, 신의 의지를 계시하는 수단으로 추첨이라는 방식을 사용한다고 본 것은 다소 의외다. 뿐만 아니라 이는 합리주의적 생활 방식과는 첨예하게 대립되는 것이었다. 그 결과 친첸도르프의 영향 아래 있던 독일의 경건주의는 이처럼 합리주의에 반하는 감정적 요소들의 지배를 받을 수밖에 없었다.

친첸도르프는 인간이 합리적인 노동을 통해 내세에 대한 구원을 확신하기보다는 현재의 상태에서 구원의 느낌 – 친첸도르프는 이것을 지극한 복됨이라 표현했다 – 을 맛보게 하려고 했다. 다른 교회와 비교할 때 모라비아 형제단의 결정적인 가치는 적극적으로 기독교적 삶을 살면서 선교와 직업 노동에 힘썼다는 점에 있다. 그 밖에 효용의 관점에서 합리적인 삶을 실현하는 것도 친첸도르프의 인생관에서 핵심적인 요소였다. 친첸도르프는 경험에 의하지 않은 철학적인 사고가 신앙을 위협할 수 있다고 보았기 때문에 이를 강하게 혐오했다. 그리고 이에 대응하는 개별적인 경험 지식을 선호했으며 이로부터 합리화를 이끌어 냈다. 그리고 직업 선교자로서 지녔던 영리한 처세 감각 역시 친첸도르프의 현실적이고 합리적인 이상 추구에 영향을 미쳤을 것이다.

형제단은 선교의 중심체인 동시에 사업체기도 했다. 형제단은 신앙 공동체의 구성원들을 현세적 금욕으로 이끌었으며, 삶의 모든 과정에서 신에 대한 자신의 임무를 추구했고, 이를 위해 삶 자체를 냉정하고 계획적으로 만들어 갔다. 이 과정에서 신에 의해 선택된 제자들이 사도의 전도 활동을 모범으로 삼아 무소유를 실천하는 것을 찬미했으며, 그 결과 복음에 따른 권고가 다시 등장하게 되었다. 이로써 경건주의에서는 직업을 위해 노동한다는 생각이 내적으로 강하게 뿌리내리게 되었다.

경건주의에 대한 이해 및 평가

이상의 모든 사항들을 종합해 볼 때, 독일의 경건주의는 금욕주의가 종교적으로 정착하는 과정에서 불확실한 모습과 심리적인 동요를 많이 보여 주었다. 경건주의가 제시하는 금욕주의는 칼뱅주의의 철저한 일관성에 훨씬 못 미치는 수준에 머물렀다. 그 원인을 찾아본다면 부분적으로 루터주의의 영향과 경건주의의 감정적인 측면을 지적할 수 있다. 경건주의는 생활의 합리화라는 측면에서도 칼뱅주의에 비해 그 강도가 약할 수밖에 없었다. 영원한 미래를 보장하는 은총 상태가 항상 새롭게 증명되어야 한다는 내적 강박 관념은 현재를 지향하기 때문이다.

또 구원이 예정된 사람들은 직업 노동을 통해 항상 자기 확신을 새롭게 하려고 하는 대신에 겸손과 자기 부정을 갖게 되었다. 이는 경건주의가 여러 차례 의문을 가지면서도 결국은 허용했던 루터주의의 고해 제도에서 비롯되었다. 왜냐하면 구원이 실천적인 신성화를 통해서가 아니라 죄의 사함을 통해서 이루어진다는 루터주의의 구원 추구 방식이 잘 나타나고 있기 때문이다. 그래서 내세의 구원에 관한 지식과 확인의 추구가 계획적이고 합리적으로 이루어지는 대신 신과의 화해와 합일을 현재, 바로 지금 이 순간에 느끼려는 욕구가 생겨났던 것이다.

그런데 경제생활에서 현재를 즐기려는 경향이 미래를 생각하고 대비하려는 합리적 관점과 대립하듯이, 어떤 의미에서는 종교 생활도 마찬가지다. 하지만 경건주의자들이 종교 생활에서 현재의 감정적인 만족을 추구하려는 욕구는 현세의 행위를 합리화하는 추진력에서 칼뱅주의 개혁파 신도들의 구원을 증명하려는 욕구에 비해 그 강도가 다소 약했음이 분명하다. 물론 말씀과 성례에 얽매여 있던 정통 루터주의보다는 경건주의가 생활 방식을 종교화할 가능성이 더 컸던 것이 사실이다.

요약해 보면 프랑케와 슈페너, 친첸도르프에 이르는 독일의 경건주의는 대체로 감정적 성격을 강조하는 방향으로 발전했다. 하지만 이것은 경건주의가 가지고 있는 어떤 경향이 겉으로 드러난 것이 아니다. 오히려 그 종교 지도자들을 배출해 낸 사회적·종교적 특징에서 온 것이다. 이에 대해서는 여기서 다루지 않겠다. 또한 독일 경건주의의 특성이 어떤 사회로부터 어떠한 지리적 전파 과정을 밟았는가 하는 것도 논의의 대상이 아니다.

우리가 꼭 기억해야 할 점은 청교도의 종교적인 삶의 방식과 감정적 경건주의의 종교적인 삶의 방식 사이에는 무수히 많은 중간 단계가 있다는 사실이다. 그러한 차이가 가져온 결과 중에서 특징적인 것을 꼽으라면, 경건주의가 직업에 충실한 관리와 종업원, 노동자, 그리고 가내 공업 종사자 등을 배출하는 한편 겸손한 태도로 신을 기쁘게 하는 가부장적 고용주를 양성했다는 점을 들 수 있다. 이에 비해 칼뱅주의는 부르주아 자본주의의 엄격하고 정직하며 적극적인 경영자를 육성한 것으로 보인다.

결국 순수한 감정적 경건주의는 유한 계급(자본주의 경제 제도 아래서 생산을 위한 노동에 참여하지 않고서도 금전적·시간적 여유로움을 누리며 사치와 낭비를 일삼는 부류의 사람들)을 위한 종교였다. 비록 경건주의와 칼뱅주의에 대한 이러한 성격 규정이 완전한 것은 아니지만, 이들 금욕주의 종파로부터 영향을 받은 나라의 일반 국민들이 경제 활동에서 보여주는 특징과 차이를 이해하는 데에는 도움이 될 것이다.

3) 감리교

감리교의 특징

감리교는 대륙 경건주의가 영국과 미국에서 갈라진 것이다. 감정적이되 금욕적인 것이 독일 경건주의 신앙의 특징이라 한다면, 이러한 경건주의 신앙을 바탕으로 점차 늘어나고 있는 칼뱅주의의 금욕주의 교리에 대한 부정이나 무관심을 결합시킨 것이 감리교의 특징이다. 감리교 신도들이 구원의 확신에 이르고자 생활 방식을 체계화한 점은 동시대인들의 눈에도 매우 특색 있게 비쳤다. 감리교에서 이 문제는 처음부터 중요했으며 종교적 실천의 중심점을 이루었다.

모든 차이점에도 불구하고 회개의 감정적 작용을 추구하는 경향만

큼은 감리교와 독일 경건주의가 서로 닮아 있다. 감리교는 원래부터 대중의 선교를 목표로 했기 때문에 정감적 성격이 강하게 나타났다. 미국에서는 특히 그러했는데, 소위 '고뇌의 집회'로 불린 공공장소에서의 신앙 행사를 선호하게 되면서 참회의 열기는 무아경에까지 치달았다. 이 집회를 통해 신자들은 과분한 신의 은혜에 대한 믿음을 얻게 되었으며 동시에 이 집회는 의롭게 되고 죄를 사하는 의식을 동반했다. 이러한 정서적 성격을 띤 신앙은 금욕주의 윤리 규정과 독특하게 결합한다.

모든 정감적인 것들을 속임수라고 철저히 배척했던 칼뱅주의에 반해 감리교에서는 성령의 작용으로 인해 구원받은 사람이 느끼게 되는 절대적 확신이야말로 유일하고 확실한 구원의 근거가 된다는 원칙을 가지고 있었다. 이러한 확신은 성령에서 나오며 이로써 거듭난 사람은 그 내면에서 일어나는 은총 작용을 통해 그리고 때로는 갑작스러운 내적 사건, 즉 신성화를 통해서 자신이 죄가 없다는 의미에서의 '완전성' 의식에 도달할 수 있다. 그런데 이 완전성을 의식하려는 목표는 대체로 죽기 직전에야 이루어지기 때문에 쉽게 이룰 수 없다. 그러나 완전성을 의식하려는 목표는 구원의 확신을 궁극적으로 보장하고, 구원의 불확실성으로 인한 칼뱅주의자들의 근심 대신에 즐거운 확신을 주기 때문에 무조건적으로 추구되어야 한다. 또 진정으로 뉘우치는 사람은 "죄가 더 이상 자신을 지배하지 못한다."라는 점을 자신과 다른 사람에게 보여 주어야 한다. 따라서 감정적인 자기 증명이 갖는 의미가 결정적으로 중요했음에도 불구하고 율법에 근거한 의로운 행위를 유지하는 것 또한 여전히 필요했다.

감리교의 사상적 지도자 웨슬리

감리교의 사상가인 웨슬리는 행위를 중시하던 당시의 신앙 이론을 공격했다. 웨슬리가 보기에 행위란 그 자체가 구원의 근거가 될 수 없으며, 단지 구원의 상태를 알 수 있는 수단에 불과했다. 이 점과 관련해서도 조건이 있었으니 그 행위가 오직 신의 영광을 위해 행해졌을 경우에만 해당된다는 것이다. 이러한 웨슬리의 생각은 초기의 청교도 사상을 부활시킨 것에 불과했다. 하지만 그 자신의 경험을 바탕으로 해서 '의로운 행위만으로는 부족하며 구원의 감정이 추가되어야 한다.'라는 점을 강조했다. 웨슬리는 행위를 은총의 조건이라고도 표현했는데, 1771년 8월 9일의 선언에서도 옳은 일을 행하지 않는 사람은 결코 참다운 믿음을 가진 사람이 아니라고 힘주어 말했다.

감리교 신도들은 자신들과 다른 기존의 교파들이 구별되는 점이 교리에 있는 것이 아니라 종교적 실천이라는 신앙의 방식에 있다고 항상 말해 왔다. 이러한 신앙의 결실이 갖는 의미는 대체로 〈요한복음〉 3장 9절 "성령으로 거듭난 사람만이 천국을 볼 수 있다."라는 내용에 기초한 것이며, 어떤 품행을 가졌는가는 거듭났음을 보여 주는 명백한 증거라고 주장했다. 그렇지만 이러한 노력에도 불구하고 장애가 생겼다. 강력하게 예정설을 믿었던 감리교 신도들에게 금욕적 생활 방식을 통해 새롭게 증명되던 칼뱅주의의 구원에 대한 확신이 이제 직접적 은총 의식과 완전함의 느낌으로 옮겨 갔다는 것은 다음의 두 가지를 뜻한다. 첫째, 약한 천성을 가진 신도가 '기독교도의 자유'를 율법과는 다르게 해석해 올바른 생활 방식을 벗어나는 것이다. 둘째, 금욕적 생활 방식을 통한 구원의 확신이 거부되는 것은 의로운 사람의 지나친 자기 확신에서 나왔으며 이는 청교도식의 감정 고양이라는 것이다. 이후 신도들은 성서가 갖고 있는 규범적 권위와 증명이 불가피함을 강조해서 이 결론을 부정하려 했고 칼뱅에 반대해서 은총의 상실 가능성을 설교한 웨슬리의 주장을 운동 내부에서 강화시킴으로써 반대자들의 공격에 대처했다.

감리교에 대한 이해

형제단을 통해 웨슬리에게 전해진 루터주의 경향은 감리교의 종교 윤리 기반을 불안정하게 만들었다. 그럼에도 감리교에서 변함없이 유지되었던 교리는 구원의 바탕이자 신앙의 열매라고 할 구원에 대한 확신, 그리고 부활의 개념과 그로 인해 죄의 지배로부터 벗어나는 신성화를 구원의 결과로 여기는 것이었다. 이에 따라 외적인 구원수단, 특히 성례의 의미는 축소될 수밖에 없었다. 감리교의 영향으로 은총으로서의 구원과 선택받음의 교리가 높이 받들어지게 되면서 곳곳에서는 신앙 부흥 운동이 보편적으로 나타났다.

우리가 볼 때 감리교는 경건주의와 마찬가지로 약한 윤리적 기초 위에 만들어진 구조물이다. 그러나 감리교가 추구한 보다 수준 높은 삶, 제2의 축복은 예정설을 대신하는 역할을 했다. 영국에서 성장한 감리교의 실천적 윤리는 영국의 개혁파 기독교인 청교도의 실천적 윤리와 전적으로 같은 것이었고, 실제로 이를 부흥시키고자 했다. 감리교에서는 회개를 위해 정서적 방법이 동원되긴 했으나, 그 작용이 이루어진 뒤에는 합리적인 완전성을 추구하는 방향으로 유도되었다. 따라서 정서적 신앙의 성격을 가지되 그 내면에서 감정적 기독교로는 발전하지 않았다는 점에서 감리교는 독일의 경건주의와 다르다. 이러한 점 때문에 참회가 정서적으로 진행된 결과 죄의식이 크지 않다는 감리교에 대한 비판이 지속적으로 제기되며 쟁점으로 남겨졌다.

그럼에도 감리교에는 개혁파 교회의 특성인 종교적 감정이 기본적으로 남아 있다. 가끔 감정이 고조되면 열광적인 신앙의 모습을 보이기도 했으나, 결코 합리적인 생활 방식을 해치지는 않았다. 따라서 행위를 통한 구원이라는 원칙을 가지고 신앙의 부흥을 이끌었던 감리교는 순수한 '행위 의인주의'를 보완한 것에 지나지 않는다. 이것은 예정설이 포기된 다음에 금욕적 생활 방식을 종교적으로 정립한 것이다. 그러므로 진심으로 회개했음을 보여 주는 증거로서 품행과 행위를 해석했다는 점에서는 칼뱅주의와 똑같았다. 그렇지만 앞으로의 직업 사상에 관한 논의에서는 감리교를 제외시키려고 한다. 감리교는 단지 칼뱅주의보다 나중에 출현했다는 사실 외에는 직업 사상에 아무런 새로운 점도 기여한 바가 없기 때문이다.

4) 침례교 운동의 여러 분파들

침례교와 다른 개혁파 교회의 차이점

유럽 대륙의 경건주의와 앵글로 색슨계의 감리교를 거쳐 그 내용이나 종교사의 발전 과정에서 금욕주의를 독자적으로 발전시킨 것은 침례교와 메노나이트교 그리고 무엇보다 퀘이커교였다. 이들 종교 공동체들의 윤리는 개혁파 교회의 윤리와는 기초부터가 달랐다. 물론 여기서 논의의 중심이 되는 것은 자본주의가 발생해서 전개되는 과정에 있기 때문에 이 운동의 다양한 형태에 대해서는 논하지 않겠다.

이 모든 종교 공동체들에게 있어 역사적으로 가장 중요한 사상은 '믿는 사람의 교회'라는 원칙이었다. 이는 더 이상 교회 공동체가 천국에 들어갈 목적을 위한 신탁 재산으로 이해되거나, 의로운 사람과 의롭지 못한 사람이 모두 포함되어 있는 제도여서는 안 된다는 것이다. 말하자면 교회 공동체가 칼뱅주의에서 주장하듯 신의 영광을 더하기 위해서 존재하거나, 가톨릭과 루터주의에서 말하듯 인간에게 구원을 매개하기 위한 교회 제도로 파악되어서는 안 된다는 것이다. 그러므로 종교 공동체란 신자 개개인과 거듭난 사람의 공동체가 되어야 한다. 엄밀히 말해서 하나의 종교 공동체는 별개의 교회가 아니라 일종의 분파로 간주하는 것이 옳다. 실제로 내면에 신앙을 받아들이고 이를 고백한 성인만이 세례를 받을 수 있다는 표현만으로도 종교의 외적 원리는 충분히 상징되었다고 할 것이다.

그런데 침례교는 신앙을 통한 의인이 초기 프로테스탄트의 정통 교리를 지배했던 그리스도에 대한 봉사 즉, '율법적으로 행동하는 것'이라는 생각과는 철저히 다른 입장을 보였다. 의인은 오히려 신이 내린 구원의 선물인 속죄를 영적으로 내면화하는 것이며, 개인적으로 계시를 통해 이루어진다고 보았다. 그리고 계시는 오직 성령이 개인 안에 작용해서만 이루어진다는 것이다. 성령의 작용은 모든 사람에게 주어져 있으므로 각자는 그것을 기다려야 하며 세속에 대한 죄스러운 집착으로 성령이 오는 것을 방해하지 말아야 한다. 이렇게 해서 교회의 교리에 대한 지식이나 참회를 통해 신의 은총을 얻는다는 의미에서의 신앙은 뒷전으로 밀려났다. 그리고 비록 그 형태는 초대 교회와 다를지라도 내용으로 본다면 충분히 초대 교회의 종교적·심리적 부활이라고 불릴 만한 것이 바로 침례교의 등장이었다.

침례교의 기본 원리

침례교 종파들의 한결같은 소망은 진정으로 깨끗한 그리스도의 교회가 되는 것이었다. 이는 마치 초대 교회가 오직 개인적으로 신에 의해 깨달음을 얻고 소명을 받은 사람들로만 이루어졌던 것과 마찬가지다. 거듭 태어난 사람만이 그리스도의 진정한 형제인 것이다. 그 사람들은 그리스도처럼 직접 성령에 의해 태어났기 때문이다. 그래서 되도록 세상 사람들과의 교류를 피했던 초기 기독교인의 삶을 모범으로 삼아 세속을 철저히 회피하는 엄격한 성서주의와 함께 제1세대 침례교가 등장했다. 그리고 이런 오랜 전통적 정신이 남아 있는 한 세상을 회피하는 원칙은 결코 사라지지 않았다.

침례교는 초창기의 지배적 동기들 가운데서 우리가 이미 칼뱅주의에서 발견했고 그 중요성을 계속해서 강조해 온 하나의 원리를 택해서 이를 지속적으로 보존했다. 즉 모든 숭배는 그 대상이 무엇이건 오직 신에게만 향해야 할 외경심을 손상시키는 것이기에 무조건 배척해야 한다는 원리가 바로 그것이다.

스위스와 남부 독일의 초기 침례교 신도들은 성 프란체스코가 생각한 것만큼이나 성서에 따른 생활 방식이 근본적이라고 생각했다. 따라서 모든 세속적인 즐거움을 완전히 차단한 채 사도들을 본받아 엄격한 생활을 해 나가려 했다. 하지만 이처럼 엄격하게 성서를 따르고 지키며 사는 것도 심령적 성격의 신앙에 비한다면 그리 확고한 토대를 가진 것은 아니었다. 심령적 성격의 신앙이란 신이 선지자나 사도들에게 계시한 것만을 할 수 있다는 것이 아니다. 즉 성서에 기록된 문자로서의 말씀이 전부가 아니라는 것이다. 오히려 신자들의 삶에 직접 작용하며 계시를 들으려 하는 각 개인들에게 직접 말씀하시는 이른바 성령의 힘을 통한 말씀의 지속이 참된 교회의 유일한 징표라는 사실은 초기 교회가 이미 증명했던 바다.

이처럼 지속되는 계시라는 교리 사상으로부터 뒷날 퀘이커교가 일관성 있게 발전시킨 유명한 교리, 바로 '이성과 양심 속에서 성령이 내면적으로 작용하는 것이 가장 중요한 의미를 가진다.'라는 교리가 나왔다. 이렇게 되자 퀘이커교에서는 성서의 타당성이 사라진 것은 아니지만 성서의 일반적 권위는 사라지게 되었다. 동시에 교회를 통한 구원의 교리와 관련된 모든 잔재들, 심지어는 세례와 성찬 의례까지도 없어지는 급격한 변화가 나타났다.

침례교는 엄격한 칼뱅주의자들과 마찬가지로 구원 수단으로서의 모든 성례에 대해 낮게 평가했고, 그렇게 해서 세계의 탈마법화를 종교적인 차원에서 철저히 수행했다. 지속적인 계시의 '내적인 빛'만이 성서에 있는 신의 계시를 진정으로 이해할 수 있게 한다. 그런데 이러한 빛의 작용은 성서적 형태의 계시를 전혀 모르는 사람에게도 작용한다고 보는 것이 퀘이커교의 입장이었다. '교회 밖에서는 구원이 없다.'라는 명제는 이러한 성령의 빛을 받은 사람들의 '보이지 않는 교회'에 한해서만 적용된다.

만일 내적인 빛이 없다면 이성의 힘에 의해 인도되는 자연으로서의 인간은 단순히 신에 의해 만들어진 것에 지나지 않는다. 자연 상태의 인간, 즉 신을 모르는 사람에 대해서 침례교와 퀘이커교는 칼뱅주의보다도 더 가혹하게 비난했다. 반면, 성령을 기다리고 성령에 대해 내적인 헌신을 다함으로써 얻게 되는 거듭남은 신의 작용이기 때문에 완전히 죄의 지배에서 벗어난 상태로 인도된다고 보았다. 뒤에 침례교 교리에서는 은총의 획득이란 일반적인 법칙에 따라 얻어지는 것이 아니며, 각 개인의 발전 정도에 따라서 완전성의 정도가 결정된다고 했다. 또한 은총을 통해 죄 없음의 상태가 되었다가 다시 타락하거나 은총을 상실하는 일은 불가능하다고 보았다.

모든 침례교 공동체는 자신들 공동체의 구성원들이 흠잡을 데 없는 행실을 한다는 의미에서의 '순수한 교회'가 되기를 원했다. 그러기 위해서는 세상과 세속의 이해관계를 내면적으로 단절해야 할 것이고, 양심을 통해 우리 인간에게 말씀하시는 신에게 절대 복종해야한다. 이것이야말로 진정한 거듭남의 유일하고도 명백한 표시라고 했다. 또 구원을 위해서는 그와 일치하는 품행을 조건으로 요구했다. 요약하자면 구원은 노력을 통해 얻을 수 있는 것이 아니며 신이 주는 은총이기는 하지만 오직 자신의 양심에 따라 사는 사람만이 자신을 다시 태어나고 거듭난 사람으로 여길 수 있다. 이런 의미에서 볼 때 '선행은 없어서는 안 될 꼭 필요한 구원의 요인'이었다.

퀘이커교의 기다림과 침묵

예정설을 포기하게 되면서 침례교 윤리의 방법론적인 성격은 성령의 강림에 대한 기다림 사상에 근거를 두게 되었다. 이는 오늘날에도 퀘이커교 집회의 성격을 규정하는 것이다. 이처럼 묵묵히 기다리는 것을 목표로 함은 자연 상태의 인간이 지닌 충동, 비합리성, 열정, 그리고 자기중심적 성향을 극복하는 것이었다. 따라서 자연 상태의 인간은 신의 말씀을 만날 수 있는 영혼의 깊고 고요한 상태를 만들기 위해 절대적으로 침묵해야 한다. 물론 이러한 기다림의 결과는 때로 신경증적인 상태나 예언 등으로 나타나며 종말론적인 소망이 마침내는 열광적인 천년왕국설(종말의 결과 선택된 사람들만이 영원한 삶을 누리게 된다는 사상)로 표출되기도 한다. 이는 비슷한 종류의 신앙들에서 모두 나타나는 것으로 그 사례도 매우 다양하다.

침례교가 일상적인 세속의 직업 생활에 영향을 미치게 됨에 따라 신은 인간이 침묵할 때에만 말씀하신다는 사상은 행위에 관한 고요한 성찰과 치밀한 개인적 양심 추구에 근거를 둔 행위 등을 정당화했다. 그래서 침례교 공동체, 특히 퀘이커교의 생활 방식은 조용하고 냉정하며 철저하게 양심적인 성격을 갖게 되었다. 세계의 탈마법화를 위해 제시한 방식으로는 내면적으로 현세적 금욕을 철저히 지키는 것밖에는 없었다. 정치 권력이나 그것의 사용과도 관련을 맺지 않으려 했던 까닭에 이 교단의 금욕적 덕목이 밖으로 표출될 수 있는 통로는 직업 노동밖에 없었다. 초창기 침례교의 종교 지도자들이 세상과의 단절에 철저했던 데 비해, 그 1세대에서는 엄격한 초기 사도와 같은 생활 방식이 거듭남의 증거라는 것을 모든 사람들이 무조건적으로 받아들인 것은 아니다. 이때만 해도 부유한 부르주아 신자들이 있었고, 현세적인 직업의 미덕과 사유 재산 제도의 토대 위에 서 있던 침례교의 엄격한 도덕적 실천은 칼뱅주의 개혁파 윤리가 일구어 놓은 길을 향해 가고 있었다. 비세속적, 수도승적인 금욕의 형태로 발전하는 것은 성서에 위배되며 위선적인 것이라 해서 루터 이래로 배척되었기 때문이다.

직업 노동이 강화된 이유

침례교의 한 분파인 침체파는 교육과 생활을 위해 꼭 필요한 재산 이외의 소유를 모두 부정했다. 종교 운동가인 버클리는 직업에 대한 충실을 자연의 이치로서 세상과의 관계에서 발생하는 불가피한 결과로 보았다. 이는 아퀴나스와 뜻을 같이 한다. 여러 학자들과 종교 사상가들이 지적하는 것처럼 이런 견해가 칼뱅주의 직업 개념을 약화시킨 면이 있음은 사실이다. 하지만 침례교는 직업에 대한 경제적 관심을 여러 가지 다른 계기들을 통해 높였다.

우선 세속과의 단절의 결과기도 한데 종교적 의무를 지키고자 국가 관직을 맡지 않았던 것이 그 하나였다. 종교 교리의 원칙에서 관직 거부가 없어진 뒤에도 메노나이트교와 퀘이커교에서는 여전히 이를 지켜 나갔다. 침례교 신도들은 무기의 사용과 서약을 철저히 거부했기 때문에 관직에 들어갈 기회를 박탈당했다.

둘째로 모든 종류의 귀족적 생활 방식을 철저히 반대한 점도 경제적 관심을 증대시키는 계기로 작용했다. 이러한 경향의 원인을 찾아보면, 부분적으로는 신 이외의 모든 대상에 대한 우상화를 금지시킨 결과였으며, 다른 한편으로는 비정치적이며 심지어 반정치적이기까지 한 침례교의 원칙 때문이었다고 하겠다. 그 결과 냉정하고 양심적인 침례교의 생활 방식은 비정치적인 직업 생활로 관심의 방향을 옮겨 갔다. 더구나 침례교의 구원론은 양심을 통한 자기 통제에 특별하게 중요성을 부여하기 때문에 세속적인 직업 생활이 갖는 의미는 매우 특별했다. 이는 자본주의 정신의 발전에 매우 중요한 의미를 갖게되는데 상세한 논의는 다음 기회에 하겠다.

우리가 여기서 말할 수 있는 것은 침례교 특히 퀘이커교에서 취했던 현세적 금욕주의의 형태가 17세기 당시의 판단에 비추어 보더라도 자본주의 윤리의 중요한 원칙으로 나타나고 있었다는 점이다. 이는 "정직이 최선의 정책이다."라는 말로 인용되곤 했었는데 앞서 소개한 프랭클린의 설교는 이와 관련된 고전적 문장이라 하겠다. 이와는 대조적으로 칼뱅주의는 영리 행위의 개인적인 경제 에너지를 해방시키는 쪽으로 영향을 끼쳤다고 볼 수 있다. '구원받은 사람'의 모든 형식적 합법성에도 불구하고 실제 결과는 다를 수 있기 때문이다. 괴테가 말했던 "행동하는 사람은 항상 비양심적이며 양심은 단지 관찰하는 사람의 전유물이다."라는 표현이 칼뱅주의자들에게는 흔히 적용될 수 있기 때문이다.

또 다른 맥락에서 접근해 본다면 침례교의 여러 종파들이 현세적 금욕주의를 강화시킨 다른 중요한 요소를 파악할 수 있을 것이다. 하지만 이 책에서는 의도적으로 초기 프로테스탄트 교회의 사회적 제도와 윤리적 영향에 초점을 맞추고 있다. 또한 중요한 교회법으로부터 시작한 것이 아니라 개인이 금욕적 신앙을 주관적으로 받아들임으로써 자신의 생활 태도에 변화를 일으킬 수 있었던 신앙의 영향력에서부터 논의를 시작했다. 이렇게 한 까닭은 이 방법이 그동안 주목을 덜 받았었다는 이유만이 아니다. 그보다는 교회법의 영향력이 항상 일정한 방향으로만 작용하지는 않았다는 데에 그 원인이 있었다.

칼뱅주의를 따르던 국가 교회에서는 개인 생활에 대한 감시와 통제가 몹시 강해 거의 종교 재판과 비슷할 정도였다. 이러한 통제는 금욕을 통해 구원을 얻고자 하는 개인이 얻어 낸 '해방'을 오히려 방해할 수 있었고 실제로 방해하기도 했다. 이는 마치 상공업을 중요시하는 중상주의 국가 정책이 산업을 육성할 수는 있어도 그것만으로 자본주의 정신을 성장시킬 수는 없었던 것과 마찬가지다. 중상주의 정책이 강제적이거나 권위적인 성격을 가지게 될 때에는 자본주의 정신을 오히려 마비시킬 수 있다. 한 가지 더 주목해야 할 점은 자발적인 복종에 근거하는 종교의 윤리 규율과 국가 교회의 권위적인 윤리 규제 사이에는 엄청난 차이가 있다는 사실이다.

금욕주의와 생활의 합리화

침례교의 모든 분파가 기본적으로 교회가 아닌 종파를 만들었다는 사실은 금욕주의를 강화시키는 결과를 가져왔다. 자발적 집단을 결성하는 쪽으로 방향을 잡았을 수밖에 없었던 칼뱅주의, 경건주의, 그리고 감리교에 있어서도 사정은 마찬가지였다.

지금까지의 논의가 주로 청교도가 미친 직업 사상의 종교적 기초를 밝히는 데 중점을 두었다면, 이제부터는 청교도의 이런 직업관이 영리 행위에 어떤 영향을 주었는지를 살펴보려고 한다. 금욕적인 여러 종교 공동체들의 직업에 대한 관점은 서로 달랐으며, 영향을 미친 비중 또한 해석에 따라 다를 수 있다. 하지만 이들 사이에는 공통으로 나타나는 성격도 존재하며 우리는 이를 주목하려 한다. 우리의 고찰 가운데서 가장 결정적인 것은 사회적 신분 상태를 종교적 은총 상태로 여겼다는 사실로, 이는 모든 종파에서 나타났다. 은총의 상태에 있다는 것은 인간을 타락이나 세속으로부터 구별해 주는 역할을 했다. 그런데 이러한 신분의 획득은 결코 주술적인 성례나 참회를 통한 죄의 사면으로, 혹은 개인적으로 경건한 업적을 쌓는다고 해서 보장받을 수 있는 것이 아니다. 자연 상태의 인간이 살아가는 생활 방식과는 완전히 다른, 특수한 형태의 행위를 통해 증명해야만 은총을 보장받을 수 있는 것이다. 따라서 각 개인은 생활 방식 속에서 자신의 은총 상태를 검증하려고 했으며, 이에 따라 금욕적 생활 방식이 지배하게 되었던 것이다.

앞에서 보았듯이 금욕적인 생활 방식이란 자신의 전 생애를 신의 의지에 따라 합리적으로 살아가는 것을 말한다. 또 이러한 금욕은 어떤 보상을 바라고 행하는 업적이 아니라, 자신의 구원에 대한 확신을 갖고자 하는 모든 사람에게 요구되는 행위였다. 자연 상태의 인간 생활과 구별되는 종교적으로 요청된 신도로서의 생활 방식이 속세를 떠난 수도자 집단에서가 아닌 세상의 질서 속에서 이루어져야 한다는 것이 가장 중요한 점이었다. 내세를 목표로 하면서 현세의 생활을 합리화하는 것, 그것이야말로 금욕적 프로테스탄트의 직업 사상이 끼친 효과였다. 처음에 속세를 떠나 고독으로 도피했던 기독교 금욕주의는 속세를 단념한 상태에 있었다. 그러던 기독교 금욕주의가 수도원을 뒤로 하고 이제 삶의 전면으로 걸어 나와서 현세의 일상생활에 자신의 방식을 침투시키기 시작한 것이다. 이것이 어떤 결과를 가져왔는지에 대해서는 다음의 서술에서 지적할 것이다.

2. 금욕주의와 자본주의 정신

제2장에서 베버는 프로테스탄트에서 나타난 금욕적 직업 사상을 중심에 놓고 그 의미와 자본주의 정신과의 관계를 밝히고 있다. 그리고 이를 논증하기 위해 종교 교리를 연구하고 대중적인 연설로 많은 사람들을 이끌었던 리처드 백스터, 슈페너 그리고 버클리 등의 저서와 연설문을 통해 프로테스탄트의 금욕적 직업윤리를 살펴보고 있다.

루터교의 가르침과는 달리 개혁파 프로테스탄트에게는 자신이 부여받은 직업에 종사하면서 근면하고 금욕적으로 노동할 것이 의무로서 부과되었다. 즉 자신의 발전을 위해 적극적으로 기회를 활용하지 않는 것은 오히려 신이 부여한 재능을 허비하는 것이고, 또 현세에서의 의무를 적절히 수행하지 않고 있다는 의미로 해석된다. 이러한 금욕적인 직업 개념은 신의 영광을 위해서는 지칠 줄 모르는 체계적인 노동이 필요하다고 강조하며, 비록 비천한 사람이라고 할지라도 전통주의의 속박을 벗어버릴 수 있게 하는 강력한 추진력이 되었다. 노동은 그 자체가 절대적인 목적, 즉 신의 소명이 된 것이다. 이 점에서는 노동자나 관리직, 기업가가 서로 다르지 않았다.

이러한 새로운 정신과 태도가 이미 존재하고 있던 자본주의에 공급되면서 근대 서구의 특유한 현상인 자본주의 정신이 생겨났다고 베버는 주장한다. 프로테스탄트 윤리에서 나타난 것은 자본주의 그 자체가 아니라 자본주의 정신이었다. 따라서 프로테스탄트 윤리는 자본주의 발생의 원인이 아니고 자본주의 정신을 형성한 원인이었다. 그리고 확정된 직업에 금욕적으로 충실하라는 요구는 근대의 전문화된 노동 분업을 윤리적으로 정당화하는 역할을 했다. 이처럼 이윤 행위를 하느님의 섭리로 해석함으로써 사업가의 활동 또한 정당화했다. 사치와 방종은 금기 대상이 되었던 반면 스스로 부를 이룩한 중산층은 최고의 윤리적 평가를 받게 되었다. 이는 자본주의와 자본주의의 합리화 과정을 확대시키는 데 공헌하게 된다.

이 점에 대해서 베버는 다음과 같은 말로 프로테스탄트 윤리와 자본주의 정신 사이의 밀접한 관련성을 압축해서 표현했다.

"근대 자본주의의 정신일 뿐만 아니라 근대 문화를 구성하는 직업 사상에 기초한 합리적인 생활 태도는 프로테스탄트의 금욕주의 정신에서 태어난 것이다. 바로 이 점을 이 책에서 밝히고자 했던 것이다.

이 책의 첫머리에 인용되었던 프랭클린의 글을 다시 한 번 읽어 보자. 그러면 거기에서 자본주의 정신이라고 지적했던 사고방식의 본질적 요소가 지금까지 논의했던 청교도의 직업적 금욕주의와 일치함을 알 수 있을 것이다."

백스터의 청교도 윤리

프로테스탄트의 금욕적인 종교 사상과 경제적인 일상생활의 행위에 대한 규칙 사이에 어떤 관련이 있는가를 파악하기 위해서는 무엇보다 교회의 목회자들이 신앙생활을 지도하는 과정에서 나온 신학 관련 문서들을 검토할 필요가 있다. 그 시대에는 모든 관심사가 내세에 집중되어 있었고, 성찬 의례에 참석할 자격이 있는 사람이냐 아니냐에 따라서 기독교 사회 안에서의 지위도 결정되었다. 또한 성직자의 목회 활동, 교회 훈련, 설교 등의 영향력은 오늘날 우리로서는 거의 상상도 못할 만큼 컸다. 따라서 일상생활의 행동에 영향을 미쳤던 종교의 힘이야말로 '자기 정체성'을 형성하는 데 결정적으로 중요했다.

여기에서는 금욕적인 프로테스탄트 사상을 전체적으로 논의하며 다룰 것이다. 또한 그 대표자들을 중심으로 살펴볼 것이다. 그 이유는 칼뱅주의에서 탄생한 영국 청교도주의가 직업 사상에 가장 철저한 밑바탕을 제공했기 때문이다.

청교도 윤리에 관한 많은 저자들 중에서 단연 뛰어난 사람으로 백스터를 꼽을 수 있다. 백스터는 탁월한 실천력과 현실적 태도를 가지고 있었으며, 백스터의 저작들은 거듭 출판되거나 외국어로 번역되어 대중들에게 널리 인정되었다. 또한 백스터는 모든 혁명과 종파 사이의 대립 의식, 그리고 신도들의 광신적인 열광도 싫어했으며 크롬웰(영국의 청교도 정치가)의 권력 찬탈에 대해서도 반대했다. 그럼에도 백스터는 각 종파가 갖는 외형적인 형식의 차이에 대해 관대했을 뿐 아니라 자신을 비판하는 이들에 대해서도 객관적인 자세를 잃지 않았다. 그리고 자신의 활동 범위를 오직 신도들의 종교적 · 윤리적 생활과 관련해 실천을 장려하는 데에 두었기 때문에 역사상 가장 성공한 목회자 중의 한 사람이 되었다. 자신의 목회 활동 경험에 입각해 쓴 《기독교 지도서》는 청교도적 도덕 신학의 가장 포괄적인 개설서로 평가된다.

백스터의 기독교 관련 저술들을 살펴볼 때 가장 눈에 띄는 대목은 부와 부의 획득에 관한 평가다. 백스터는 현세의 재물을 획득하려는 모든 노력을 반대했다. 사실 금전과 재물에 대한 욕구를 죄악시하는 사례는 청교도 문헌에서 얼마든지 찾아낼 수 있다. 이 문제에 대해 중세 후기의 문헌들에서 보여 주었던 너그러운 모습과는 대조적이다. 소유 위에 안주하는 모습은 비난의 대상이 되었다. 부를 탐하고 욕정이나 향락에 빠진 모습을 경계했으며 성스러운 삶에서 이탈하지 말 것을 권고했다. 소유가 죄악시된 이유는 바로 이러한 나태함을 불러오는 위험을 가지고 있기 때문이다. '신도의 영원한 안식'은 내세에 있는 것으로 현세의 인간은 자신의 구원을 확신하기 위해 해가 떠 있는 한 자신을 보내신 분의 과업을 행해야 한다. 신의 영광을 더하기 위한 봉사는 나태와 향락이 아니라 오직 신의 계시에 따라 행하는 것이다. 따라서 시간 낭비는 죄 중에서도 가장 무거운 죄에 해당한다.

노동과 금욕에 대한 강조

인간이 살아가는 시간은 자신의 소명을 확인하기에 너무 짧고 소중하다. 다른 사람과 교제하며 이로울 것이 없는 잡담과 사치 등으로 시간을 낭비하는 것뿐만 아니라 건강에 필요한 여섯 시간에서 여덟 시간 정도를 넘어선 수면을 취하면서 시간을 낭비하는 것 또한 용납될 수 없다. 아직은 프랭클린처럼 "시간은 돈이다."라고 말할 정도는 아니지만, 이 말도 정신적인 의미에서는 어느 정도 적용된다. 다시 말해서 시간은 무한히 귀중한 것이다. 왜냐하면 낭비된 모든 시간은 신의 영광에 봉사하는 노동이 상실된 시간과 같기 때문이다. 따라서 직업 노동을 희생하고 행해지는 명상이라면 그 역시도 무가치한 것이 되므로 배척해야 할 것이다. 신의 뜻을 따라 직장에서 적극적으로 활동하는 것에 비해 명상은 신을 만족시키는 정도가 덜하기 때문이다. 게다가 명상을 위한 시간으로 일요일이 있다는 것도 그 이유가된다. 그러므로 백스터는 직업 생활에서 게으른 사람들은 신을 위한 시간, 즉 직업 노동의 시간이 있음에도 그 시간을 신을 위해 쓰지 않는 사람들이라고 힐난했다. 이처럼 백스터는 자신의 저서를 통해 엄격하고 부단한 육체적·정신적 노동에 대한 설교를 재차 반복해 강조했다.

백스터의 이러한 가르침에는 두 가지 동기가 함께 작용한다. 우선 노동은 오래전부터 금욕 수단으로 인정되었으며 또 노동은 그 자체가 신성하다는 것이다. 동양이나 전 세계의 거의 모든 승려 집단에서 지켜지던 규율과는 대조적으로 서양의 교회에서는 노동을 금욕 수단으로 평가해 왔다. 청교도주의에서는 '부정한 생활'이라는 개념으로 표현한 모든 유혹을 예방하는 특별한 수단으로 노동을 들었다. 이렇게 볼 때 노동의 역할은 결코 작은 것이 아니었다.

실제로 청교도주의의 성적 금욕은 근본적으로 수도사의 금욕 생활과 다르지 않았다. 결혼 생활까지도 금욕의 대상에 포함시킨 점을 본다면 솔직히 수도승의 금욕 생활보다도 더 포괄적이고 강한 금욕 생활이었다고 할 정도다. 부부 사이의 성교조차도 "너희는 낳아서 기르고 번성하라."라는 계명에 따라 신의 영광을 더하기 위해 그리고 신이 의도하는 수단으로서만 허용되었다. 종교적으로 느끼는 회의와 도덕적인 자책을 방지하고 모든 성적 유혹을 이겨내기 위해서 권장된 것으로는 이른바 소식, 채식, 냉수욕이 있었다. 이와 더불어 "네 직업에서 열심히 일하라."라는 처방이 덧붙여졌다. 그렇지만 노동은 그 이상의 의미를 지닌 것으로서 신이 정한 삶의 목적 그 자체였다.

노동에 대한 중세 신학과 청교도주의의 다른 점

바울의 "일하지 않는 사람은 먹지도 말라."라는 명제는 모든 사람에게 무조건 적용되는 것이었다. 노동 의욕이 없는 것은 구원의 은총을 받지 못했다는 징표로 해석되었다. 이 점에서 중세적 관점과의 차이가 확연히 드러난다.

중세 스콜라 철학의 대표자인 아퀴나스도 바울이 말한 위의 문장을 해석했는데, 아퀴나스가 이해한 노동이란 개인과 전체의 삶을 유지하기 위해서 필요한 자연적 이치였다. 일단 삶을 유지하는 이 목적이 달성되면 이 명령이 갖는 타당성도 상실된다. 명령의 효력은 개개인이 아닌 오직 인류 전체에게 적용될 뿐이다. 노동하지 않아도 자신의 재산만으로 충분히 살아갈 수 있는 사람에게는 이 명령이 해당되지 않으며, 명상을 신의 작용이 정신적 형식을 빌려 표현되는 것으로 보아 명상은 계명보다 더 우월한 위치에 있었다. 그래서 한때는 수도사가 행하는 최고의 생산적인 일이 바로 기도와 성가 부르기를 통한 교회 재물의 증진에 있다고 보았다.

그러나 백스터는 노동의 의무에 대한 수도사의 예외를 인정하지 않았으며 재산이 부유한 사람이라고 해도 노동의 계율에서 면제될 수 없다는 점을 강조했다. 사실 부유한 사람이라면 생계를 위해 노동할 필요가 없지만 그렇더라도 복종해야 할 신의 계율이 엄연히 존재한다는 점에서는 그 역시 가난한 사람과 다를 것이 없기 때문이다.

직업에 대한 입장의 차이 – 아퀴나스·루터·백스터

신의 섭리는 모든 사람에게 똑같이 적용되며 직업은 신이 각자에게 부여한 소명이다. 이런 소명은 루터주의에서 말하는 것처럼 사람이 적응하고 만족해야 하는 운명을 뜻하는 것이 아니라 신의 영광을 위해 각자에게 내려진 신의 명령인 것이다. 얼핏 보기에는 사소한 듯이 보이는 차이지만 이 차이가 가져온 심리적 결과는 엄청나게 달랐다.

소명에 대한 이러한 이해는 스콜라 철학에서 시작된 경제적 세계에 대한 섭리론적 해석의 발전 과정과도 관련이 있다. 여기서는 스콜라 철학을 대표하는 아퀴나스를 인용하겠다. 아퀴나스는 사회의 분업과 직업 분화를 다른 모든 현상과 마찬가지로 신의 뜻이 직접 표현된 것이라고 파악했다. 그러나 인간이 이 질서 안에서 자신의 자리를 갖게 되는 것은 자연적이며 이를 스콜라 철학의 용어로 표현하자면 이른바 우연적인 것이다.

앞에서 살펴보았듯이 루터는 역사 발전 과정에서 인간의 신분과 직업이 분화된 것은 신의 의지에 의한 결과라고 보았다. 그래서 신이 정해 준 지위와 한계에 머무는 것이 우리의 의무라고 여겼다. 루터주의 신앙은 처음부터 세상과의 관계를 명확하게 하지 못했고 또 그런 상태로 남아 있었기 때문에 세상에 대한 무관심을 끝내 극복할 수 없었다. 따라서 루터주의에서는 세상을 바꾸기 위한 윤리적인 원리가 확립될 수 없었으며, 세계를 현재 있는 그대로 받아들여야 한다는 것을 종교적인 의무로 규정했던 것이다.

반면에 청교도의 세계관은 개인의 경제 활동에 대한 섭리론적 성격을 강조한다는 점에서 루터주의와는 색다른 면을 보여 준다. 직업 분화에 대한 신의 목적이 무엇인지를 알고 싶다면 그 결과를 보면 된다는 것이 청교도주의의 입장이다. 이에 대한 백스터의 설명은 여러 가지 점에서 애덤 스미스의 노동 분업에 관한 이론을 떠올리게 한다. 즉 직업이 분화됨에 따라 전문화가 이루어졌고, 그 결과 노동자의 기술이 숙련되었다. 또 노동 생산성의 양적·질적 향상이 이루어짐으로써 전반적으로 사람들의 복지에도 기여했다는 것이다. 백스터의 이러한 설명은 순전히 공리주의적인 동기에서 나온 것이며, 당시의 세속적인 문헌에서 널리 주장되었던 관점과도 매우 흡사하다.

반면 백스터가 자신의 설명 첫머리에서 "확실한 직업이 없는 사람의 노동은 단지 불규칙하고 우연적인 성격을 띠며, 그 사람은 노동보다는 빈둥거리며 노는 데에 더 많은 시간을 낭비한다."라고 했을 때, 이 말에는 청교도주의의 색채가 배어 있다. 또 백스터는 설명의 마지막에서 이렇게 말하고 있다.

"직업 노동자는 자신의 노동을 질서 있게 해 나가는 반면 그렇지 못한 사람은 끝없는 혼란 속에서 자신이 일할 시간과 장소를 알지 못한다. 그러므로 확고한 직업은 모든 사람에게 최선의 것이다."

일용직 노동자의 경우를 생각해 보자. 그 사람이 강요당하고 있는 불규칙하고 변동이 심한 노동은 때로 불가피한 것이긴 하지만 결국은 일시적인 것으로서 바람직하지 못한 형태다. 더구나 직업이 없는 사람의 삶은 현세적 금욕이 요구하듯 체계적이고 방법론적이지 못하다. 그런데 퀘이커교의 윤리에 따르면 인간은 직업 생활에서 금욕적인 덕을 철저히 실행해야 한다. 뿐만 아니라 직업에 종사하면서 다른 사람을 배려하고 자신의 양심을 통해 은총과 구원의 상태를 증명해야 한다고 했다. 즉 신이 원하는 것은 노동 자체가 아니라 직업 안에서의 합리적인 노동인 셈이다.

청교도의 금욕적 직업 사상

청교도의 직업 사상에서 눈에 띄는 점은 직업 생활에서 금욕을 실천하는 방법을 강조한다는 것이다. 이 점은 일단 신이 정해 준 운명에 만족하는 루터주의와는 분명히 다르다. 그러므로 "여러 가지의 직업을 가져도 좋은가."라는 질문에 대해서 당연히 "그렇다."라는 대답을 얻을 수 있다. 다만 자신을 포함한 다른 많은 사람들의 복지를 증진시키고 누구에게도 해가 되지 않아야 한다. 그리고 여러 가지의 직업을 갖더라도 자신의 직업들 중 어느 하나도 놓치지 않고 부끄럽지 않게 양심껏 헌신할 수 있는 경우에 한해서라는 조건이 붙는다. 게다가 직업을 바꾸는 일도 경솔하게 결정한 것이 아니라 신을 더욱 기쁘게 하기 위해, 그리고 보다 유익한 직업에 종사하라는 교리의 가르침을 따르기 위해서라면 결코 비난받을 일이 아니다.

그런데 직업의 효용성과 그에 따른 신의 만족 정도를 결정하는 가장 중요한 요소는 윤리적 척도를 얼마나 잘 따랐는가 하는 점이다. 그다음으로는 거기서 생산되는 재화가 전체에 영향을 미치는 정도에 따라 결정된다. 이와 더불어 세 번째로 등장한 관점은 사회적·경제적 수익성에 따라 평가된다는 점으로 현실적으로 본다면 이 점이 가장 중요하다고 하겠다. 인간의 삶 전반을 주관하는 신이 개개인에게 이윤을 추구할 기회를 주었다면 거기에는 신 나름대로의 의도가 있을 것이라고 보기 때문이다. 따라서 기독교 신자라면 이런 기회를 잘 활용해 신의 부르심에 따라야 한다.

"만일 신이 다른 사람의 영혼에 해를 주지 않고 합법적으로 더 많은 이익을 얻을 수 있는 방법을 너희에게 지시하는데도 이를 마다하고 보다 적은 이익을 얻는 방법을 택한다면 너희는 자신이 받은 소명의 목적 중 하나를 거부하는 것이며, 신의 대리인이 되는 것을 거부한 것이다. 이는 신의 선물을 받고도 신이 요구할 때에 신을 위해 그 선물을 사용할 기회를 거부한 것이다. 결코 육신의 욕심과 죄를 위해서가 아니라 진정으로 신을 위해서라면 너희가 부자가 되기 위해 노동하는 것도 괜찮다."

이렇게 부는 단지 게으르게 휴식을 취하거나 죄 많은 향락에 빠질 때만 위험한 것이었다. 또한 나중에 근심 없이 편안하고 한가롭게 살기 위해 부를 추구한다면 이 역시 문제가 된다. 하지만 직업의 의무를 다하기 위해서 추구하는 부라면 이는 허용될 뿐만 아니라 신이 우리 인간에게 명령한 것이기도 하다. 자신에게 맡겨진 달란트(유태인의 화폐 단위로 여기서는 타고난 재능과 소명을 의미)를 늘리지 못해 쫓겨났던 종에 대한 성서에서의 비유는 이를 직접적으로 말해 준다. 흔히 말하듯이 빈곤해지기를 원하는 것은 마치 병이 들기를 원하는 것과 마찬가지로 위선적인 태도이자 신의 영광을 해치는 것이므로 비난받아야 한다. 또 노동 능력이 있는 사람이 구걸하는 것은 나태한 행위이므로 죄가 될 뿐만 아니라 사도의 말씀에 비추어볼 때 이웃 사랑의 원칙에도 위배된다.

청교도주의는 고정된 직업을 가진 신앙인이 가져야 할 금욕적 생활의 중요성을 강조했다. 이로써 근대적 분업 체계는 윤리적으로도 정당한 것이 되었다. 또 이윤 추구가 신의 섭리에 따른 것이라는 해석을 통해 기업가의 활동을 정당화하는 결과를 가져왔다. 봉건 영주의 고상한 한가함과 벼락부자가 된 졸부들의 과시적인 허세는 모두 금욕주의가 증오한 것들이었다. 반면, 정직하게 일해서 스스로의 힘으로 부를 축적한 부르주아는 윤리적으로 칭송을 받았다. 신의 섭리를 따르는 선택받은 사람에 대한 관용적 표현으로 "신은 그 사람을 축복하신다."라는 말이 사용되었다. 백스터의 충고에 따라 청교도들은 자신의 은총 상태를 성서에 등장하는 위인들과 비교했으며, 성서의 구절을 법조문처럼 해석하고 충실히 행동으로 옮겼다.

직업 사상의 성서적 배경

루터가 〈시락서〉의 한 구절을 번역하면서 세속적 의미에서의 직업 개념을 최초로 사용했다는 사실은 앞에서 말했다. 그런데 〈시락서〉는 헬레니즘의 영향을 받았음에도 불구하고 그 전체적 분위기에는 구약성서의 전통주의적 요소가 상당 부분 남아 있었다. 오늘날에도 독일 농민들은 〈시락서〉를 즐겨 보고 있으며, 독일 경건주의의 흐름 속에 루터주의의 성격이 광범위하게 퍼져 있는 것도 루터가 번역한 〈시락서〉를 선호한 결과라고 해석된다.

한편 신적인 것과 인간적인 것, 이 둘 중에서 하나를 택하는 양자택일의 원칙에 따라 청교도들은 단호히 외전을 거부했다. 외전이란 성령에 의한 것이 아니라는 점이 그 이유였다. 그런 만큼 구약성서의 경전 중에서도 〈욥기〉는 강력한 영향을 미칠 수밖에 없었다. 〈욥기〉는 모든 인간의 기준으로는 잴 수 없는 절대적인 신의 존엄성을 장엄하게 찬미하고 있기 때문에 칼뱅주의의 관점에 매우 적합했다. 또한

〈욥기〉는 '신은 선택한 사람에게 현세의 삶, 즉 이 지상에서의 삶과 물질적인 측면에서 축복을 주신다.'라는 확신과 결합할 수 있었다. 이 점은 칼뱅주의에서는 부차적인 것이었지만 청교도주의에서는 중요한 것이었다.

백스터는 〈고린도전서〉 가운데서 직업 개념과 관련된 구절들이 갖는 전통적 분위기를 무시했다. 거기다 〈시편〉과 솔로몬의 〈잠언〉 중에서 동양적 정의주의(정감이나 감정적인 요소를 중요하게 여기는 입장)가 물씬 배어나는 구절들도 무시했다. 반면 형식적인 합법성이야말로 신이 기뻐하시는 행위의 표시라고 찬미하는 구약성서의 구절은 매우 강조했다. 모세의 율법(십계명) 중에서 유태인에 대한 의식적이며 역사적으로 제약된 율법은 신약성서를 근거로 해 효력을 박탈했다. 하지만 그 밖의 경우에는 '자연법'으로 표현되어 오늘날까지 그 효력을 갖고 있다는 이론에 의해 남게 되었다. 그럼으로써 근대적인 삶에 적용될 수 없는 성서의 규정들을 적극적으로 배제할 가능성을 열었을 뿐 아니라 다른 한편으로는 여러 형태를 빌려 구약성서의 윤리가 지닌 냉철하고 합리적인 정신으로 프로테스탄트의 현세적 금욕주의를 강화시켰다. 그러므로 당시 사람들은 물론 오늘날의 저술가들이 영국 청교도주의의 윤리적 분위기를 '영국적 헤브라이즘(고대 헤브루 민족의 사상·문화·종교에 근원을 둔 유태교와 기독교의 전통)'이라고 말하는 것도 잘못은 아니다.

인생을 단순하게 받아들이던 옛 유태교의 삶에 대한 태도는 청교
도주의의 특성과는 다소 거리가 멀다. 또한 자본주의적 에토스의 발
전이라는 측면에서 과거에 유태교가 지녔던 경제 윤리의 특징을 살
펴볼 때, 프로테스탄트의 경제 윤리와는 거리가 멀다는 점 또한 기
억해야 한다. 유태교는 정치적 투기에 의존하는 '천민 자본주의'(고리
대금업과 같이 정치 세력과 결합해 부와 재산을 획득하는 자본주의. 베버는 그 외
에 약탈 자본주의, 전통적 자본주의, 합리적 자본주의로 유형화했다)에 속한다.
이에 비해 청교도주의는 합리적이고 부르주아적인 경영과 노동의
합리적인 조직화를 이룩했다. 이로써 청교도주의는 유태교의 윤리
가운데서 조건에 부합하는 것만을 선택적으로 취했던 것임을 알 수
있다.

구약성서의 규범들이 민족 구성원들의 삶 속으로 스며들면서 각기
어떤 성격들을 낳았는지 알아보는 것은 매우 흥미 있는 과제다. 하
지만 이는 이 연구의 범위 안에서는 밝혀내기 어려운 과제다. 솔직
히 이 부분은 유태교에 대해서조차 밝혀내지 못했다. 청교도의 전반
적인 내면 상태를 살펴볼 때, 신에 의한 선민 사상(특정 민족이나 집단이
신에게 선택되어 우월한 지위를 누린다는 사상. 유태인의 시오니즘이나 신대륙으로
이주한 청교도주의 등)이 청교도 사이에서 굉장한 반향을 불러일으켰다
는 사실이 우선 눈길을 끈다. 온건한 백스터조차도 신이 자신을 영국
에, 그것도 참된 교회에 태어나게 해 준 사실을 감사했을 정도다. 신

의 은총을 통해 이루어진 자신의 완전성에 대해 감사하는 마음이 청교도 부르주아 사회의 생활 분위기를 지배했다. 이는 생활 전반에 걸쳐 체계적이고 엄격하며 강인한 성격을 만들어 냈다.

청교도의 생활 방식

이제 우리는 청교도가 직업을 어떻게 이해했으며, 청교도의 금욕적 생활 방식이 자본주의 생활양식의 발전에 미친 직접적인 영향이 무엇인지 밝히려 한다. 앞서 지적했던 것처럼 청교도의 금욕주의가 전적으로 반대했던 것은 삶을 즐기는 쾌락과 그 쾌락을 즐기는 향락이었다. 영국의 제임스 1세와 찰스 1세가 청교도를 탄압할 목적으로 '오락에 관한 칙령'을 입법화하고 모든 청교도 교회 설교단에서 이를 낭독하라고 명령한 것을 둘러싸고 벌어졌던 투쟁들은 이러한 특성을 잘 나타낸다. 왕이 칙령을 통해 "일요일 교회 예배 시간 외에는 일정하게 대중적인 오락을 즐길 것을 법률적으로 허용한다."라고 했을 때 청교도가 그토록 반대했던 이유는 단순히 안식일의 정적이 깨진다는 이유 때문이 아니었다. 왕의 칙령은 그동안 청교도가 세워 놓은 신도로서의 질서 있는 생활 방식을 의도적으로 혼란시키는 것이기 때문이었다.

반면에 왕이 오락의 합법성에 대한 공격을 중죄로 다스리겠다고 위협했던 것은 권위에 대해 반발하고 때로는 국가에 위협이 될 수 있는 금욕적인 청교도의 경향을 깨뜨리려는 데 목적이 있었다. 마치 오늘날의 자본주의 사회에서 노동자 계급의 도덕적 순결성과 반권위적 노조 연맹에 반대해서 노동하기를 원하는 사람을 보호하려는 것처럼 봉건 군주제 사회는 부르주아 도덕과 반권위주의적이고 금욕적인 가정 집회에 반대해서 오락을 즐기길 원하는 사람을 보호했던 것이다.

　이에 맞서 청교도들은 금욕적 생활 방식의 원리를 내세워 대항했다. 이처럼 청교도가 가졌던 오락에 대한 혐오감은 퀘이커교에서는 그리 근본적이지 않았다. 다만 오락이란 신체의 활동 능력을 보충하기 위해 휴식을 취한다는 합리적 목적에 부합해야 했다. 만일 오락이 무절제한 충동을 표현하는 수단이 된다면 이는 위험한 것이라고 보았다. 또한 순전히 향락의 수단이 되거나 공명심이나 거친 본능, 비합리적인 내기 욕구를 불러일으킨다면 그때의 오락은 분명 거부되어야 했다. 직업 노동과 신앙의 규율에서 벗어나는 충동적이거나 향락적인 삶은 그것이 봉건 영주의 스포츠든 아니면 평민들이 무도장이나 술집을 출입하는 것이든 간에 그 자체가 합리적 금욕에 대한 적이었다. 이에 따라 종교와 직접적으로 관련되지 않은 예술·문화 활동에 대해서도 불신과 적의의 태도가 취해졌다.

그렇다고 해서 청교도주의의 삶의 이상이 문화를 멸시하는 편협하고 음울한 속물 근성을 포함하고 있었던 것으로 이해해서는 안 된다. 적어도 과학에 대해서는 오히려 정반대였다고 해야 옳을 것이다. 청교도 운동의 위대한 대표자들은 르네상스 시대의 교양에 물들어 있었다. 장로교의 설교는 늘 고전의 인용으로 넘쳐 났으며, 일부 급진적인 교회에서의 설교나 신학적 논쟁에서도 으레 고전에 관한 학식을 유감없이 보여 주었다. 아마 뉴잉글랜드의 초기 청교도 세대만큼 대학 졸업자가 많았던 경우도 없을 것이다.

그러나 감각적 예술에 대해서는 이와 달랐다. 이른바 '유쾌한 영국식 생활' 위에 금욕주의가 서릿발같이 내리자 그 영향을 받은 것은 세속적인 축제만이 아니었다. 미신의 냄새가 나는 모든 것, 마술적인 또는 신비한 은총을 상기시키는 모든 것에 대해 청교도는 격심한 증오를 나타냈다. 그래서 교회의 소박한 예술 행사뿐만 아니라 크리스마스 축제까지도 공격의 대상이 되었다.

청교도의 문화와 예술관

위대하면서 때로는 난잡한 사실주의적 예술이 네덜란드에서 발전할 수 있었던 것도 칼뱅주의의 신정 정치가 온건한 국가 교회로 단

기간에 극복되었기 때문이다. 칼뱅주의가 지배력을 많이 상실한 뒤에는 궁정 귀족과 영주, 그리고 부유해진 소시민 계층의 욕구를 금욕주의적인 권위주의만으로는 더 이상 규제하고 통제할 수 없었다. 청교도의 눈에는 극장이란 배척해야 할 것이었고, 문학과 예술에서 성애나 벌거벗은 장면 등은 완전히 배제해야 할 대상이었다. 사실 예술에 대해 이보다 더 과격한 견해란 있을 수 없다. 모든 형태의 예술 경향에 반대하고 효용성을 극대화하기 위해서 '한가로운 잡담', '불필요한 것', '쓸데없는 과시' 등의 표현이 예술을 지칭하는 데 사용되었다. 이 말들은 비합리적이고 반금욕적이며 신의 영광이 아닌 인간의 영광을 위한 것들을 지칭하는 표현으로 사용되었다. 급기야는 순전히 개인 취향의 문제라고 할 옷차림에까지 이러한 경향이 적용되었다.

생산의 표준화는 오늘날의 보편적 생활양식으로서 자본주의적 이해관계를 발달시켰다. 그런데 생산의 표준화를 이루는 이념적 근거에는 신 이외의 대상을 숭배하는 것에 대한 거부가 깃들어 있다. 하지만 우리는 청교도주의가 모순적임을 발견하게 된다. 청교도의 지도자들 가운데는 예술에 대한 감각이 본능적으로 탁월했던 사람들이 많았다. 또 렘브란트(네덜란드의 화가)의 경우 품행은 청교도의 눈으로 볼 때 결코 구원받을 수 없을 것으로 비쳐졌지만, 창작 경향에는 종교적 분위기가 결정적인 영향을 미쳤다. 그렇지만 이런 부분적인 사실이 전체적인 모습을 바꿀 수는 없었다. 청교도적 생활 분위기의 발전을 가져올 수 있었고 또 실제로 가져왔던 강력한 인격의 내면화는 주로 문학의 경우에만 유리하게 작용했고 그나마도 다음 세대에 가서야 비로소 가능했기 때문이다.

이와 관련해서 청교도주의의 영향을 모두 말할 수는 없으나 분명히 지적할 수 있는 사실이 있다. 문화 활동이 주는 순수하고 심미적인 쾌락을 허용하는 데에는 하나의 특징적인 한계가 있다는 점이다. 다시 말해서 인간은 신의 은총을 통해 자신에게 허락된 재화를 관리하는 사람에 불과하다는 것이다. 성서에 나오는 종 이야기처럼 자신에게 맡겨진 동전 한 닢에 대해서도 계산해서 주인에게 보고해야 한다. 신이 맡긴 것 가운데 일부라도 신의 영광을 위해서가 아니라 자신의 쾌락을 위해 사용하는 것은 위험한 일이 되기 쉽다. 이러한 견해를 주장하는 사람을 만나기란 오늘날에도 어렵지 않다. 눈만 뜨고 있으면 보일 정도라고 할 수 있다.

프로테스탄트의 금욕주의

인간은 자신에게 맡겨진 재산을 관리할 혹은 아예 영리 기계로서 신에게 복종해야 할 의무가 있다는 사상은 냉혹한 무게로 삶을 짓누르고 있었다. 또한 재산이 커지면 커질수록 신의 영광을 위해 그 재산이 줄어들지 않도록 보존하면서, 쉼 없는 노동을 통해 이를 늘려야 한다는 책임감도 커졌다. 물론 이러한 생활 태도의 근원은 근대 자본주의 정신의 많은 요소들과 마찬가지로 중세로까지 거슬러 올라가게 된다. 그러나 이러한 생활 방식이 일관성 있는 윤리적 토대를 발견한 것은 바로 금욕적 프로테스탄트 윤리에 이르러서였다. 이 생활 방식이 자본주의의 발전에 미친 영향은 매우 명백한 것이다.

지금까지의 이야기를 요약하자면 프로테스탄트의 금욕주의는 온 힘을 다해 소비적 향락에 반대했다. 특히 사람들의 사치성 소비를 억제하는 한편 재화의 획득을 가로막던 전통적 윤리로부터 벗어나 이윤 추구를 정당화했다. 또한 신이 직접적으로 원하는 것이 이윤 추구라고 설명함으로써 이윤 추구를 억제해 온 전통의 굴레로부터 해방시켰다. 육체적 쾌락과 재화에 대한 집착을 극복하려는 청교도의 투쟁은 합리적인 영리 활동이 아니라 비합리적으로 재산을 사용함을 반대한 것이었다. 신이 원하는 대로 개인과 전체의 삶을 목적에 적합하고 전체에 이롭도록 만들기 위해서 재산을 사용하기보다 과시적 형태의 사치를 중요하게 여기는 것은 비합리적으로 재산을 사용하는 예다. 금욕주의가 요구하는 재화의 합리적 사용은 재산을 소유한 사람에게 고행을 강요하려는 것이 아니다. 오히려 그 사람의 재산을 현실적으로 유용하고 필요한 일에 사용하게 하는 것이다.

안락함이라는 개념은 윤리적으로 허용될 수 있는 지출의 범위를 특징적으로 잘 포괄하고 있다. 따라서 이러한 생활관을 철저히 대변하는 퀘이커교가 이 개념에 맞는 생활 방식을 가장 먼저 그리고 가장 확실하게 발전시켰던 것은 결코 우연이 아니다. 봉건적 허세와 화려한 겉모습을 버리는 대신 냉정한 단순함이 주는 소박한 우아함을 선호한 이들 퀘이커교는 부르주아적 가정의 정결하고 안정된 안락함을 이상으로 삼았다.

금욕주의는 부의 추구에서 나타나는 부정직함뿐만 아니라 순수하고 본능적인 소유욕과도 투쟁했다. 이러한 소유욕까지도 '탐욕' 또는 '배금주의'라고 하며 배척했던 이유는 부유해지는 것 자체를 삶의 최고 목적으로 삼는 부의 추구는 그 자체가 유혹이라고 보았기 때문이다. 하지만 금욕주의는 항상 선한 것을 원하면서 또 항상 악한 것을 낳는 힘이기도 하다. 여기에서 말하는 악이란 소유와 소유에 대한 유혹을 말한다. 금욕주의는 목적으로서 추구되는 부를 비난받아야 할 최악의 것으로 보았다. 반면 직업 노동의 열매로서 획득하는 부는 신의 축복이라고 보았다.

그뿐만이 아니라 세속적인 직업에서의 노동이야말로 최고의 금욕 수단인 동시에 거듭난 사람과 신앙의 순수성에 대한 가장 확실하고 명확한 증명이라고 본 평가는 더욱 중요한 의미를 가진다. 이러한 종교적 평가는 우리가 이 글에서 '자본주의 정신'이라고 부른 인생관을 퍼져 나가게 만든 가장 강력한 지렛대가 되었다. 이로 인한 영리 추구라는 결과는 앞서 말했던 소비의 억제와 관련시켜 볼 때 더욱 명백해진다. 강제적으로 금욕주의적 절약을 추구하게 해 자본의 형성이 쉽게 이루어질 수 있었다. 벌어들인 재화에 대한 소비를 억제함으로써 재화는 생산적으로 사용되어 투자 자본으로 쓰이게 되었다. 이러한 경향을 정확한 수치로 규명하기란 불가능하지만 미국의 뉴잉글랜드 지역에서는 매우 뚜렷이 나타났다. 그리고 단 7년 정도밖에 칼뱅주의의 지배를 받지 않았던 네덜란드에서도 종교적으로 독실한 사람들이 자신의 거대한 부에도 불구하고 매우 검소한 생활을 유지함으로써 엄청난 자본을 축적하는 경향을 보였다.

어느 시대, 어느 곳에서나 있었고 오늘날 우리에게서도 볼 수 있는 재산의 귀족화 경향은 봉건적 생활 형태에 대한 청교도주의의 반감 때문에 상당히 억제될 수밖에 없었던 것이 분명하다. 17세기 영국의 한 중상주의 저술가는 네덜란드의 자본력이 영국의 자본력을 능가하게 된 원인을 이렇게 설명했다.

"네덜란드에서는 영국과 달리 새로 벌어들인 재산을 토지에 투자하고 봉건적 생활 방식을 위해 사용하는 소위 '귀족화'가 추구되지 않았다. 그래서 자본이 생산으로 다시 투자되는 기회를 가졌다."

청교도의 신앙 관점에서 매우 중요하고 적합한 생업이라고 여겨진 농업의 경우를 보자. 이처럼 검소한 생활을 통해 자본의 축적을 가져온 것은 영주가 아니라 자영농과 땅을 빌려 농사를 짓던 사람들이었고, 18세기에 와서는 독일의 농업 귀족이 아니라 합리적 자영농이었다. 17세기 이후 영국 사회는 좋았던 시절의 영국을 대표하는 지주 계급과 불안정한 사회적 힘을 가진 청교도로 나뉘었다. 그래서 거리낌 없이 자유롭게 삶을 즐기는 태도와 엄격히 통제되고 절제된 자기 규제와 관습을 따르는 태도, 이 두 가지 특징이 오늘날 영국 국민의 특성에서도 뒤섞여 나타나고 있다. 마찬가지로 북미 식민지 시절 초기에도 1년 단위로 고용된 노동자의 노동력으로 대농장을 건설해 영주 같은 삶을 살았던 모험가들과 자본가적 사고를 가졌던 청교도 사이에는 날카로운 대립이 나타났다.

늘어가는 재산가의 줄어드는 신앙심

청교도적 인생관이 영향력을 발휘한 경우에는 경제생활에서의 합리적 경향이 강화되었다. 청교도적 인생관의 의미가 단순히 자본 형성을 유리하게 한 것 이상이었음은 당연하다. 청교도적 인생관은 이러한 생활 방식을 발전시킨 가장 본질적이며 지속적인 담당자였다.

근대적인 경제관을 가진 사람들이 자라난 곳도 바로 이 요람에서였다.

그런데 이러한 청교도적 삶의 이상이 부의 유혹이라는 강한 시련에 부딪혀 제대로 힘을 발휘하지 못할 때도 있었다. 청교도 정신의 참된 추종자들은 소시민, 농민이라는 신흥 계층에서 나왔으며, 퀘이커교라 할지라도 부유한 사람에게서는 너무 쉽게 원래의 이상을 부정하는 경향이 있음을 종종 발견하게 된다. 이는 현세적 금욕주의의 발생 근거가 되는 중세의 수도원에서 지켜지던 금욕주의가 끊임없이 겪었던 운명과도 같은 것이다. 즉 엄격히 규제된 생활과 억제된 소비라는 원칙에 따라 경제 활동이 이루어지면 그 결과 재산이 쌓인다. 이렇게 모은 재산으로 귀족화의 경향에 빠지거나 수도원의 규율이 문란해졌기에 여러 차례의 개혁이 지속적으로 필요했다.

어떤 의미에서 본다면 수도원의 모든 역사는 재산의 세속화 경향에 대항하는 갈등의 연속이라고 할 수 있다. 이러한 경향은 청교도의 현세적 금욕주의에도 고스란히 적용될 수 있다. 18세기 말 영국의 산업 번영기 이전에 감리교가 강력하게 부활한 것도 이러한 수도원 개혁에 비유할 만한 것이었다.

여기서 우리는 지금까지 말한 모든 것에 대해 간결하게 정리할 수 있으며 프로테스탄트 윤리의 핵심으로 사용할 만한 구절을 웨슬리의 말에서 인용할 수 있을 것이다. 이 구절들을 읽어 보면 금욕주의 운동가들이 앞서 언급했던 역설적 상황들에 대해 매우 철저하게 파악하고 있었음을 짐작하게 된다.

"내가 염려하는 것은 재산이 늘어날 때마다 그만큼씩 종교 정신은 감소되었다는 점이다. 사실 이런 상황 속에서 참된 신앙의 부흥이 장기적으로 지속될 수 있을지 나는 자신할 수 없다. 왜냐하면 종교는 근면과 절약으로 곧 부를 가져오기 마련인데 부가 늘어나면 모든 형태의 자만과 열정, 그리고 세속적 애착도 커진다. 가슴속에서 움터 나온 종교인 감리교, 현재는 푸른 나무처럼 한창 자라나고 있지만 이 상태가 얼마나 계속 유지될 수 있을까?

감리교 신도는 어디에서나 근면하며 절약한다. 자연히 재산은 늘어나고 그에 비례해 자만과 육신의 욕망, 그리고 삶의 교만함도 커진다. 종교의 형식은 그대로 남아 있더라도 그 정신은 점차 사라지게 된다. 순수한 종교가 이렇게 부패하는 것을 막을 방법은 없는 것인가? 우리는 사람들이 근면하고 절약하는 것을 막을 수는 없다. 따라서 우리는 모든 기독교인들에게 권해야만 하는 것이다. 아낄 수 있는 모든 것을 아끼라고 말이다. 그 결과 부유하게 되기를 권장해야만 한다."

웨슬리는 여기에 이어서 "많이 벌고 많이 절약하는 사람은 가능한 한 모든 것을 베풀어 은총 또한 더욱 많이 받고, 하늘에 보물을 쌓으라."라고 적고 있다. 만일 당신이 눈치 빠른 독자라면 지금 인용한 이 말이 지금까지 이 책에서 상세하게 논의한 종교적 금욕주의와 서로 밀접하게 관련되어 있음을 깨달았을 것이다. 이러한 강력한 종교 운동이 금욕주의의 교육 효과를 뚜렷하게 드러낸 것은 순수한 종교적 열정이 최고점을 지난 뒤였다. 신의 왕국을 추구하던 종교적 열정은 점차 직업윤리의 형태로 냉정하게 사라지기 시작했으며, 종교적 뿌리는 서서히 시들어 현세에서 공리주의를 추구하기 시작했다. 이와 관련되는 적절한 비유가 있다. '하늘을 향해 내면적 고독을 추구하며 허영의 대지를 통과해 서둘러 나아가던 버니언의 순례자 대신에, 선교 활동을 겸하는 고립된 경제인으로서의 로빈슨 크루소가 대중의 상상력 속에 등장했던 것이다.' 결국 선한 양심은 안락한 부르주아적 삶을 살기 위한 수단이 되고 만다. 이를 가리켜 독일 속담에서는 '부드러운 베개'라고 표현한다.

기업가와 노동자의 직업윤리

만일 합법적으로만 이루어진다면 성서에 등장하는 바리새인의 양심(바리새인들이 당시의 율법에 따라 간음한 여인을 돌로 쳐서 죽이는 것에 대해 예수의 의견을 묻자 예수는 "너희 가운데 죄 없는 사람이 먼저 이 여인을 돌로 치라."

라고 했다. 그러자 바리새인들은 자신의 양심에 비추어 부끄러움을 느끼고 들었던 돌을 놓고 도망갔다는 이야기)처럼 지극히 선한 마음을 가지고 화폐를 획득할 수 있을 것이다. 종교의 힘이 강했던 17세기가 자신의 공리주의적 상속자에게 넘겨준 것도 바로 이 정신이었다. '신을 만족시키기는 지극히 어렵다.'라는 표현은 흔적 없이 사라졌다. 신의 충만한 은총 안에서 자신이 분명 축복을 받았다고 생각하는 부르주아 기업가는 영리를 좇을 수 있고 또 그렇게 해야만 한다는 독특한 부르주아적 직업윤리가 생겨났던 것이다. 물론 먼저 충족시켜야 할 전제 조건이 있었다. 형식적인 정당성의 한계를 지켜야 하고, 품행에서는 도덕적으로 나무랄 데 없이 바람직해야 하며, 자신의 부를 정당하게 사용해서 남에게 해를 끼치지 말아야 한다는 것이다.

한편, 종교적 금욕주의는 성실하고 양심적인 노동자를 기업가에게 제공했다. 이들 노동자들은 신이 자신들에게 원하는 생의 목적이 바로 노동이라고 여겼기에 엄청난 노동 능력을 보여 주었다. 또 이 금욕주의는 현세에서의 불평등한 재물 분배까지도 신의 섭리가 작용한 결과라고 보았다. 신이 특별한 은총과 차별을 통해 우리가 알 수 없는 개별적이고 은밀한 목적을 수행한다는 확신을 가지고 있었기에 노동자들은 주어진 직업에 대해 만족했다.

일찍이 칼뱅이 했던 다음의 말들이 인용되곤 한다.

"민중, 다시 말해 노동자와 수공업자 대중은 오직 가난한 상태에서만 신에게 복종한다."

　　네덜란드 사람들은 이 말을 세속화시켜 "민중은 오직 빈곤에 내몰렸을 때만 노동하게 만들 수 있다."라고 했다. 이렇게 자본주의 경제의 주요 동기를 규정하게 되면서 낮은 임금이 생산성을 높인다는 이론이 나타났다. 이 경우에도 역시 종교적인 뿌리가 말라가면서 점차 공리주의적인 해석이 그 자리를 대신하게 되었다. 이러한 사실은 우리가 앞서 관찰한 종교 윤리가 공리주의로 발전하는 방식과 일치한다.

　　중세의 종교 윤리에서는 구걸을 허용했을 뿐만 아니라 탁발승단(지위를 버리고 소유하지 않으며 신앙을 전하는 사람들)의 경우는 이를 찬양하기까지 했다. 말하자면 거지들은 부유한 사람들에게 동냥을 통해 착한 일을 할 수 있는 기회를 제공한다는 것이다. 이런 이유로 한때는 거지가 어엿한 신분의 하나로 인정받고 평가되었다. 영국 국교회의 사회 윤리조차 그 내면은 이러한 태도와 매우 가까웠다. 청교도적 금욕주의는 영국 구민법(1601년 엘리자베스 1세가 시행한 빈민 구제 정책으로 교회가 아니라 정부가 빈민 구제의 책임을 진다는 데 의의를 둠)의 입법에 작용함으로써 근본적인 변화를 낳았다. 그럴 수 있었던 것은 프로테스탄트 종파들과 엄격한 청교도 교단 속에서 구걸이란 말은 존재할 수 없었기 때문이다.

　이제 노동자의 입장에서 종교적 금욕주의를 살펴보면 기업가의 입장과는 또 다른 측면을 발견할 것이다. 친첸도르프가 이끈 경건주의에서는 영리를 추구하지 않고 다만 직업에만 충실한 노동자를 높이 찬양했다. 이들 노동자들은 사도의 모범을 본받아 살아가기에 하느님의 제자가 되는 은혜를 받았다고 생각했다. 이와 유사한 견해가 초기 침례교에서는 더욱 극단적인 형태로 퍼져 나갔다. 거의 모든 종파의 금욕주의 문헌에는 생활을 영위하기 위해 노동밖에는 다른 선택의 기회가 없는 사람들이 낮은 임금에도 불구하고 노동을 충실히 수행하는 것을 신이 매우 기뻐하신다는 관점으로 가득 차 있었다. 이런 맥락에서 보면 프로테스탄트의 금욕주의는 전혀 새로울 것이 없었다. 그럼에도 불구하고 프로테스탄트의 금욕주의가 차별화될 수 있었던 것은 이러한 관점을 매우 강력하게 심화시켰을 뿐만 아니라 이 규범이 널리 통용될 수 있도록 만들었다는 유일한 점 때문이었다.

소명으로서의 직업이 갖는 의미

직업 노동을 소명으로 받아들임으로써 개인의 구원을 확신하기 위해 가장 좋은 그리고 유일한 수단으로서의 직업을 강조하게 되자, 직업 노동은 심리적으로 정당화되었다. 그런데 프로테스탄트의 금욕주의는 기업가의 영리 활동도 소명이라고 해석함으로써 노동자와 민중들의 노동력을 착취하는 것도 정당화했다. 어쨌거나 분명한 한 가지 사실은 직업으로서의 노동을 충실히 이행해 천국에 속하고자 하는 개인의 투철한 욕구와 교회 규율이 요청한 엄격한 금욕의 실천이 결합하면서 생산성이 높아질 수밖에 없었다는 점이다.

영리 활동을 소명으로 본 것이 근대 기업가의 특징이라면 노동을 소명으로 여긴 것 또한 근대 노동자의 한 특징이었다. 영국 국교회의 예리한 관찰자인 윌리엄 페티 경은 17세기 네덜란드 경제력의 우월성을 다음과 같이 설명했다.

"네덜란드에는 노동과 사업을 신에 대한 의무로 여기는 비국교도, 즉 칼뱅주의자와 침례교 신도들이 많았기 때문이다."

반면 스튜어트 왕조의 통치 아래에 있던 영국 국교회는 기독교 윤리를 바탕으로 국가와 교회가 서로 연합해 국가의 재정적·독점적 형태를 띤 유기적 관련성을 가진 사회 조직을 형성하고 있었다. 청교도주의는 국가로부터 특별한 지위를 부여받은 상인들이 주도하며 선대 제도와 식민지 정책을 근본으로 하는 자본주의에 대해 철저히 반대했다. 그 대신에 합리적이고 합법적인 자신의 노력과 창의력을 바탕으로 한 개인의 성취동기를 강조했다. 이는 국가 권력에 의존하지 않고 때로는 그러한 권력에 대항해 산업을 구축하는 데 결정적인 역할을 했다.

국가로부터 보호를 받던 독점 산업은 오래지 않아 영국에서 무너지고 말았다. 청교도는 대자본가의 성격을 띤 왕실 정치인이나 투기업자들과의 연합을 거부했는데, 그 이유는 이들을 윤리적으로 의심스러운 계급이라고 보았기 때문이다. 청교도는 자신들의 기업 윤리에 대해 우월감과 자부심을 가지고 있었는데 이 점이 다른 집단들로부터 따돌림을 받는 이유가 되었다. 한 예로, 은행 거래를 거부하고 예금을 해약하는 방식으로 비국교도 즉 청교도에 대한 투쟁을 승리로 이끌자고 제안하는 사람도 등장했다.

이들 두 종류의 자본 사이에 발생한 대립은 둘 사이의 종교적 차이와 거의 일치하는 것이었다. 비국교도를 반대하던 사람들은 이들을 '소상인 정신'의 대표자라며 조롱했고, 옛 영국의 이상을 더럽히는 사람들이라고 하면서 박해했다. 이 점은 경제에 관한 청교도적 에토스와 유태교적 에토스의 차이기도 하다. 이미 동시대의 사람들 가운데는 부르주아적 경제 에토스가 유태교적 에토스가 아니라 청교도적 에토스라는 것을 파악한 사람도 있었다. 근대 자본주의의 정신일 뿐만 아니라 근대 문화를 구성하는 직업 사상에 기초한 합리적인 생활 태도는 프로테스탄트의 금욕주의 정신에서 태어난 것이다. 바로 이 점을 이 책에서 밝히고자 했던 것이다.

이 책의 첫머리에 인용되었던 프랭클린의 글을 다시 한 번 읽어 보자. 그러면 거기에서 자본주의 정신이라고 지적했던 사고방식의 본질적 요소가 지금까지 논의했던 청교도의 직업적 금욕주의와 일치함을 알 수 있을 것이다. 다만 프랭클린의 경우에는 종교적 정서와 기초가 사라져 보이지 않을 뿐이다.

오늘날의 자본주의와 미래

근대 사회에서 이루어진 직업으로서의 노동이 금욕적 성격을 띠고 있다는 생각은 결코 새로운 것이 아니다. 그리고 일상에서의 노동은 이제 직업이라는 전문 노동으로 한정되고 있다. 따라서 파우스트의 만능성(괴테의 소설 《파우스트》의 주인공 파우스트는 모든 분야에서 뛰어난 인물임)을 포기하는 것은 오늘날 가치 있는 일을 위한 전제 조건이 된다. 괴테가 자신의 완숙한 인생관을 바탕으로 쓴 《편력 시대》와 임종을 앞둔 파우스트를 통해 우리에게 가르쳐 주고자 했던 것은 부르주아적 생활 방식의 금욕주의적 동기였다. 이러한 괴테의 인식은 완전하고 아름다운 인간성의 시대에 대한 체념 섞인 작별을 의미하는 것이다. 고대 아테네의 전성기가 다시 올 수 없는 것처럼 이러한 시대 또한 우리의 문화 발전 과정에서 다시 돌아오지 않을 것이다.

청교도들은 직업인이 되기를 바랐다. 반면 지금의 우리들은 직업인이 되지 않을 수 없다. 금욕주의는 수도원의 닫힌 벽을 걸어 나와 일상생활의 직업으로 옮겨 왔고 현세의 도덕을 지배하기 시작했다. 그 결과 금욕주의는 기계제 생산의 기술적 · 경제적 전제 조건으로 자리를 잡으면서 근대적 경제 질서라는 강력한 우주를 형성하는 데 그 역할을 수행했다. 오늘날 이 근대적 경제 질서는 엄청난 힘을 갖고 이 안에서 태어나는 모든 개인의 생활양식을 강제로 규제하고 있다. 이 질서는 영리 추구 활동에 직접 종사하지 않는 사람까지도 포함하며 마지막 석탄이 다 타서 없어질 때까지 그 규제를 멈추지 않을 것이다.

일찍이 백스터는 "외적인 재화에 대한 염려는 마치 '언제든지 벗어던질 수 있는 얇은 망토처럼' 신도의 어깨 위에 놓여 있어야만 한다."라는 견해를 밝혔다. 그러나 운명은 이 망토를 강철 같은 우리로 만들었다. 금욕주의가 세상을 새롭게 형성하고 세속에 영향을 미치기 시작하자 이 세상의 외적인 재화들은 역사상 그 어느 때도 볼 수 없었을 정도로 인간에 대한 지배력을 키워 나갔고 급기야 인간은 결코 이 지배로부터 벗어날 수 없게 되었다.

오늘날 종교적인 금욕주의 정신은 이 우리에서 사라져 버렸다. 영원히 사라진 것인지 아닌지는 누구도 모르지만 말이다. 이제 승리를 거둔 자본주의는 기계라는 기초 위에 서 있으므로 더 이상 정신의 지지를 필요로 하지 않는다. 이 정신의 유쾌한 후계자인 계몽주의의 장밋빛 분위기도 완전히 빛이 바랜 듯하고, '직업 의무' 사상은 지나간 종교 신앙의 유령이 되어 우리 삶의 주변을 떠돌고 있다.

이제 사람들은 직업 수행의 의미를 찾거나 직업 수행을 정당화하지 않는다. 오늘날 직업 수행은 더 이상 최고의 정신적 문화 가치와 직접적인 연관을 가질 수 없게 되었다. 이는 직업 수행의 주관적 의미가 경제적인 이유 이상으로 받아들여지지 않게 되었기 때문이다. 종교적·윤리적 의미를 잃어버린 영리 추구는 순전히 세속적인 열정과 결합하는 경향이 있으며, 오늘날 이런 경향이 가장 발달해 있다고 하는 미국에서는 종종 스포츠처럼 열정적인 경쟁의 성격을 띠는 경우마저 있다.

미래에는 그 누가 이 우리 안에 살게 될 것인지, 이 거대한 발전의 마지막에는 완전히 새로운 예언자들이 나타날지 아니면 과거의 사상과 이상이 강력히 부활할지 그 해답은 아무도 모른다. 이 둘 중에 어느 것도 아니라면 어쩌면 병적인 자기 오만으로 장식된 기계에 의한 화석화가 일어날지도 모른다. 이러한 문화 발전에서의 '최후의 인간'에 대해서는 괴테의 다음과 같은 말이 진실이 될 것이다.

"영혼이 없는 전문가, 가슴이 없는 향락주의자, 이 공허한 인간들은 일찍이 인류가 도달하지 못했던 단계에 도달했다고 자부할 것이다."

그런데 여기까지의 논의를 보면 이 문제는 가치 판단과 종교적 판단의 문제가 되고 만다. 이 책은 순수한 역사적 설명을 다루고 있으므로 이 문제는 논의 범위를 벗어나는 것이다. 정작 우리의 과제는 지금까지의 서술을 통해 극히 조금씩밖에 건드리지 못했던 금욕적 합리주의가 지닌 사회적·정치적 윤리의 내용이 어떤 의미를 갖는가를 밝히는 것이다. 다시 말해 가정 집회에서 국가에 이르기까지 사회 공동체의 조직과 기능에 영향을 미친 금욕적 합리주의의 중요성을 지적하는 것이다. 그런 다음에는 금욕적 합리주의가 관련을 맺는 인문주의적 합리주의와 그 생활 이상 및 문화적 영향과의 관계, 더 나아가서는 철학적·과학적 경험주의의 발전이나 기술적 발전 및 여러 가지 정신 문화재 등과의 관계를 분석해야 할 것이다. 그리고 마지막으로는 현세적 금욕주의의 기원이 된 중세부터 순수한 공리주의로 해체되기까지의 역사적 발전 과정을 금욕적 종교가 전파되었던 각 지역별로 추적해야 한다. 이런 다음에야 금욕적 프로테스탄트 사상이 근대 문화의 다른 형성 요인들과 비교해서 어떤 문화적 중요성을 갖는지를 알 수 있을 것이다.

남겨진 과제

이 책에서는 금욕적 프로테스탄트가 영향을 미친 사실과 형태를 단 한 가지 점, 즉 심리적 동기에서 깊이 파고들어 연구해 보았다. 이는 물론 중요하다. 그러나 이제부터 우리는 프로테스탄트의 금욕주의가 그 형성 과정과 특성에서 사회적·문화적인 모든 조건, 특히 경제적 조건으로부터 어떤 영향을 받았는지를 분명히 하지 않으면 안된다. 왜냐하면 종교적 의식이 생활 방식과 문화, 민족성에 미친 영향력과 중요성이 얼마나 큰 것인가에 관해서는 제대로 파악하지 못하고 있기 때문이다. 그렇다고 해서 일방적인 유물론적 역사 해석의 자리에 마찬가지로 정신주의적이며 인과적인 역사 해석으로 대치시킬 의도는 없다. 탐구하는 데 있어 이 두 가지는 모두 가능하다. 하지만 이 두 가지가 연구의 예비적인 절차로가 아니라 그 연구의 결론으로 주장될 때에는 그 어느 것도 역사적 진리를 규명할 수는 없다.

《프로테스탄트 윤리와 자본주의 정신》, 그 이념형의 사회 과학적 해명

1. 막스 베버의 생애

오늘날 막스 베버는 마르크스, 프로이트와 더불어 20세기의 가장 뛰어난 사상가로 손꼽히고 있다. 그 이유는 베버의 학문 세계가 법률학·정치학·경제학·사회학·비교 종교학·역사 철학은 물론 사회 경제사, 문명사와 정신사를 모두 포함하고 있기 때문이다. 그래서 다양한 분야에 걸쳐 해박하고 전문적인 지식을 가졌던 베버를 '제2의 아리스토텔레스'라고 부르는 사람들도 있다. 이처럼 베버의 학문과 사상은 현대 사회를 이해하기 위해서 빼놓을 수 없는 다양한 주제들을 모두 다루면서도 그 넓이와 깊이는 남다르다. 오늘날 우리가 흔히 사용하는 개념 중 합리화·카리스마·경제 윤리·관료제 등과 같이 베버가 처음으로 쓰거나 개념화한 용어들만 보아도 베버가 현대의 학문에 미친 영향력이 얼마나 큰지를 실감할 수 있다.

그렇다면 20세기의 위대한 사상가 베버는 어떤 사람이었을까? 베버의 어린 시절부터 학문이 완성되고 생을 마치기까지 삶의 여정에서 중요했던 과정들을 살펴봄으로써 베버가 살았던 각 시기의 고민을 엿보기로 하자.

1) 어린 시절과 청소년 시절

베버는 1864년 4월 21일 독일 튜링겐 지방 에르푸르트에서 태어났다. 베버의 아버지 막스 베버 경은 법률가이자 시의 참의원으로 전형적인 부르주아 계층이었다. 1869년, 베버 일가는 프로이센 제국의 수도 베를린으로 이사하게 되는데 이는 아버지 베버 경의 정계 진출을 위해서였다. 베버의 아버지는 베를린에 정착하면서 정치가로서 성공해 베를린시 의회, 프로이센 의회, 그리고 독일 제국 의회에서 활약하게 된다. 베버 일가는 당시 베를린 교외의 샤를로텐부르크에서 살았는데, 그곳에는 유명한 학자와 정치가들이 많이 살고 있었다. 그리고 베를린의 저명인사인 베버 경의 집은 그 지역 학자들과 기업가, 예술가 및 거물 정치인들의 자유로운 토론 장소가 되었다. 그 결과 어린 시절부터 베버는 자연히 정치적 토론뿐만 아니라 교양 있고 수준 높은 대화와 독서에 익숙할 수밖에 없었다.

베버의 어머니 헬레네 팔렌슈타인 베버는 프로테스탄트 신앙을 가진 교양 있는 부인이었다. 또한 탁월한 자유주의적 역사가였으며 가까운 친지였던 게르비누스에게 인문학을 포함한 학문들을 가르쳤을 정도로 지식인이었다. 베버는 자라면서 학문적인 내용을 포함한 편지를 어머니와 자주 주고받았는데, 이런 점 등으로 미루어 베버는 아버지보다는 어머니의 영향을 더 많이 받은 것으로 보인다. 베버의 어린 시절 어머니는 주부로서 바쁜 남편과 여섯 아이들, 그리고 끊임없이 찾아드는 손님들을 성실히 돌보았을 뿐만 아니라 노동자 계급의 비참한 생활에 관해서도 깊은 관심을 갖고 이들을 돕기 위한 모임에 적극적으로 참여했다. 하지만 이미 베를린 사회의 지배 계층으로 편입된 베버의 아버지는 어머니의 종교적이고 인도주의적인 관심을 이해하지 못했고 자유주의적인 사고에도 동의하지 않았다. 그래서 베버의 부모님은 생활에서 서로 공감하지 못했던 것으로 보인다. 그 결과 베버가 장년이 되었을 때 부모님의 관계는 상당히 악화되고 만다.

지적인 가정 분위기에서 자랐고 가족들과 함께한 많은 여행을 통해 조숙해진 소년 시절의 베버는 틀에 박힌 학교 수업에 불만이 많았다. 베버는 운동보다는 독서를 좋아했으며 사춘기에 들어서면서부터는 폭넓은 독서를 했다. 베버는 열세 살 때 학교에서 수필을 썼는데, 그중 하나는 〈황제와 교황의 지위를 중심으로 본 독일사의 경과에 관해서〉라는 역사 수필이었다. 열다섯 살부터 베버는 대학생처럼 노트를 작성하면서 광범위하게 책을 읽었는데, 교양 있는 역사 소설이나 논문을 읽지 않고 그 시대의 대중적인 소설이나 읽는 동급생들의 취미를 저속하다고 비판한 글도 남아 있다.

이렇게 사춘기 시절부터 비판적인 사고를 가졌던 베버는 학교 선생님들에 대해서 깊은 존경심을 갖지 않았고, 시험 때는 서슴지 않고 자신의 답안을 친구들에게 보여 주는 등 학교의 형식적인 학습 방식에 반항하는 모습을 보이기도 했다. 동급생들의 경박한 행동과 권태로운 학교생활에 염증을 느낀 베버는 더욱 자신의 지적 세계에 빠져들었다.

또한 베버는 이미 이 시절에 부모 사이의 불화를 눈치채고 있었는데 그러면서도 겉으로는 화목한 척하는 가부장적이고 가식적인 가정의 모습에 환멸을 느끼기도 했다. 이렇게 사춘기 시절의 베버는 아버지의 전근대적인 속물근성과 어머니의 프로테스탄트 신앙심 모두를 비판하면서 부모님과 멀어진다. 또한 권위적이고 가부장적이며 어머니에 대해 일방적으로 헌신을 요구하는 아버지에게 반발한 베버는 자신의 감정을 표출하기도 했다. 한번은 아버지와 함께 이탈리아로 여행을 갔는데, 안내자의 수고에 대해 형식적인 예의를 보이지 않았다는 이유로 아버지로부터 꾸지람을 들었다. 이때 베버는 당장 집에 돌아가겠다고 응답하면서 반발하기도 했다.

2) 대학 시절

베버는 1882년 봄에 김나지움을 졸업했다. 비범한 재능을 가졌던 베버가 고등 교육을 받을 필요가 있는 것은 아니었다. 그래서 김나지움 시절 베버에 대한 교사의 평가문을 보면 베버가 근면한 학생이 아니라는 지적이 발견되곤 한다. 어쨌든 베버는 하이델베르크로 가서 법과 대학에 입학한다. 대학 시절 베버는 법학보다는 역사학, 경제학, 철학 등의 인문학에 관심을 보였다. 그런데 베버의 대학 생활 가운데 흥미로운 점은 베버가 아버지가 대학 시절 들었던 결투 클럽의 임시 회원이었다는 사실이다. 이는 베버가 대학의 사교적인 생활에 점차 익숙해져 갔던 것으로 추정할 수 있다. 말하자면 다른 사람들과 어울리지 않고 독서에만 빠졌던 사춘기 시절과는 달리 베버도 자유분방한 대학의 문화에 적응하면서 사회의 일원으로서 자신을 의식한 것으로 보인다.

베버는 일찍 일어나 논리학 강의에 참석하는 열의를 보이기도 했지만 결투장에서 빈둥빈둥 지내기도 했다. 어떤 때는 교수의 집에 초청받아 다른 사람들의 특징을 흉내 내는 등의 행동도 서슴지 않았다. 이렇게 베버는 결투 클럽에서는 물론 술자리에도 빠지지 않는 사교적인 인물로 변해 갔다. 그래서 베버의 얼굴에는 결투를 하면 으레 생기기 마련인 흉터도 생겼고 심지어는 유흥으로 쓴 돈 때문에 빚도 지게 되었다. 베버가 하이델베르크 시절을 회상하면서 "결투 클럽에서 행했던 과감한 공격 훈련은 나에게 강한 모습을 심어 주었으며 그 덕택으로 소년 시절의 수줍음과 불안이 사라졌다."라고 쓴 것을 보면 베버의 일생에서 이 시절은 하나의 전환점이 되었던 것으로 보인다.

하이델베르크에서 세 학기를 지낸 후 1883년 베버는 스트라스부르로 가서 군 복무를 했다. 하지만 형식적이고 가혹하며 육체 훈련에만 집착하는 군 복무는 베버에게 몹시 고통스러웠다. 나중에 이 시절을 "생각하는 인간을 자동적이며 정확하게 명령에 응하는 기계로 길들인 어이없는 시간 낭비였다."라고 이야기할 정도로 베버는 군 복무에 환멸을 느꼈다.

병역은 1년 만인 1884년에 끝났다. 다시 학교에 돌아온 베버는 처음에는 베를린에서, 그 뒤에는 괴팅겐에서 학업을 계속했다. 괴팅겐으로 온 뒤 차분하게 학업에 열중했으며, 1889년에는 중세의 무역 회사를 다룬 박사 학위 논문을 완성했다. 이 논문을 쓰는 데 이탈리아와 스페인의 문헌을 참고하기 위해 베버는 이 두 나라의 언어를 공부하기도 했다. 1890년, 제2차 사법 시험에 합격한 베버는 이듬해인 1891년에 로마 농업사를 다룬 논문을 써서 학위를 마치고 베를린 대학의 상법·독일법·로마법을 담당하는 교수가 된다.

3) 결혼과 연구 생활

1892년 봄에 베버의 큰아버지인 칼 베버의 손녀 마리안네 쉬니트거가 베를린에 공부하러 왔다. 스물한 살의 마리안네는 처음 베버의 집을 방문한 뒤 다시 베를린으로 돌아왔을 때 베버를 사랑하고 있다는 것을 깨달았다. 사실 베버는 약 6년 동안이나 스트라스부르에 사는 이종 사촌 여동생을 사랑했는데, 이종 사촌 여동생은 상당히 오랜 기간 동안 정신 병원에 입원 중이었다. 베버는 처음에 마리안네가 아직 어리다고 생각해서 진심으로 대하지 않았는데, 그러는 사이 베버의 친구가 마리안네에게 구혼하는 일이 생겼다. 막상 일이 이렇게 되자 베버도 심경의 변화가 일어났고 마리안네를 사랑하고 있다는 것을 깨닫게 되었다. 베버와 마리안네는 서로의 감정을 확인하고 1893년 가을에 결혼했다.

마리안네와 결혼한 뒤 베버는 촉망받는 젊은 학자로 학계의 주목을 받았다. 그러다가 당시 유명한 경제학 교수였던 야콥 골드슈미트가 병에 걸리면서 그를 대신해서 강의하게 되었다. 또한 국가 사법 고시의 출제 위원과 정부 기관의 자문 위원으로 활약하는 등 국가 기관에서도 활동했다. 이 시기에 개혁적인 입장인 사회정책학회와 복음사회 문제회의의 요청에 따라 증권 거래소에 관한 논문과 독일의 토지 문제에 관한 연구 논문을 각각 발표하기도 했다.

이런 성과를 바탕으로 1894년 가을 베버는 프라이부르크 대학의 경제학 정교수로 취임했다. 베버는 강의를 하고 국가의 정책 자문을 맡는 등 많은 일을 담당하면서 밤늦게까지 연구에 몰두했다. 마리안네가 억지로 좀 쉬게 하려고 하면 베버는 이렇게 소리치곤 했다.

"한 시까지 공부를 하지 않는다면 교수라고 부를 자격이 없어."

1896년 베버는 하이델베르크 대학으로 옮기게 된다. 이 시절 베버는 은퇴했으나 하이델베르크의 지식인 사회를 이끌던 대학 시절의 스승들과 교류하는 한편 법학자, 미술사가, 프로테스탄트 신학자 등 많은 사람들과 학문적인 교류를 한다.

4) 투병 생활의 시작

1897년 베버의 아버지가 사망했다. 그 직전 베버는 아버지의 권위적이고 강압적인 가부장 의식에 반발해서 자신의 집에서 나가라고 소리를 지르면서 다툰 적이 있었다. 그러나 이것이 아버지와의 마지막 만남이 되고 말았다. 비록 어머니를 변호하기 위한 일이었지만 아버지가 돌아가신 뒤 베버는 자신의 행동에 자책감을 느끼며 괴로워했다.

그해 여름 베버 부부는 스페인을 여행했는데 돌아오는 길에 베버는 열병과 신경증에 시달렸다. 다음 해 새 학기가 시작될 무렵에는 조금씩 나아졌지만 가을 학기말이 가까워지자 극도의 피로와 불안감, 긴장과 자책감 등으로 몸이 매우 쇠약해졌다. 의사는 여행과 운동, 냉수욕 등을 권했으나 베버는 계속해서 잠을 이룰 수가 없었다. 이후 베버는 평생 반복되는 심한 우울증으로 고통받게 되는데 그런 과정 속에서 약간 안정이 될 때면 학문적 저술로 열정을 폭발시키기도 했다. 사실 이 시기 이후 베버의 삶은 신경증과 여행과 학문 사이를 오가는 것이었다. 그런 가운데 베버는 아내를 안심시키려고 이렇게 편지를 보내기도 했다.

> "이러한 병은 나름대로 보상이 있는 것 같소. 병 때문에 인간다운 생활이 다시 시작된 것 같으니 말이오. …… 지금까지는 마치 부적을 손에 쥔 것처럼 학문 연구에만 달라붙는 것이 내 병이었소. 이제부터는 병에 시달리건 건강하건 결코 그렇게 하지 않을 것이오. …… 이제 나는 무엇보다도 당신과 함께 인간다운 생활을 할 것이며, 지금은 사랑하는 당신을 가능한 한 행복하게 해 주려는 기분으로 가득 차 있다오."

베버는 강의를 계속하려고 노력했다. 때로는 팔과 허리가 마비되는 일도 있었으나 강의를 멈추지 않았다. 베버는 몹시 지쳐서 심지어는 사람들과 대화를 나누는 것도 힘이 들 지경이었다. 그래서 때로는 화를 내고 성급해지기도 했으며 주변에서 베버를 돕고자 하는 선의의 충고도 들으려 하지 않았다. 베버는 음악이나 미술 등에 취미를 가지라는 권유도 물리쳤고 수공예에 취미를 붙여 보라는 아내의 설득도 듣지 않았다. 그저 방 안에 틀어박혀 멍하니 앉아서 손톱을 물어뜯으며 한곳을 뚫어지게 바라보는 것이 전부인 날도 있었다. 어느 날은 숲 속을 산책하다가 남들이 보고 있는데도 소리 내어 울기도 했고, 고양이 소리에 화가 나서 감정을 폭발시키기도 했다.

이런 증상이 계속되자 대학에서는 베버에게 유급 휴가를 주었다. 휴가 동안에 아내와 함께 베니스를 다녀오기도 했으나 하이델베르크에 돌아온 베버는 다시 쇠약해져 병세는 이전보다 더 악화되었다. 베버는 책임감을 느끼고 사표를 제출했으나 대학에서는 도리어 장기간의 유급 휴가를 주었다. 베버는 읽고 쓰는 것은 물론, 말하고 걷는 것에도 고통을 느꼈다. 모든 정신과 육체의 기능이 마비된 듯했다. 병세는 호전될 기미를 보이지 않았다. 1899년 초에는 정신 병원에 수주일 동안이나 입원하기도 했다.

다음 해 봄에 베버 부부는 로마로 여행을 떠났는데 폐허가 된 로마의 모습을 보고서 베버는 다시 역사를 연구하고 싶은 의욕이 일어났다. 이탈리아의 아름다운 경치와 로마사에 대한 관심이 베버를 서서히 회복시켰다. 그 뒤 베버는 미술사에 관심을 갖고 열심히 공부하기도 했다. 이렇게 3년 반 동안 병세의 악화와 호전을 겪은 뒤 1902년 베버는 하이델베르크로 돌아와 서서히 전공 서적과 학술 잡지들을 읽기 시작했다. 그리고 마치 그동안의 투병 생활이 준 공백을 메우려는 듯이 여러 방면의 막대한 문헌 속으로 파고들었다. 그중에는 미술사, 경제학, 정치학, 그리고 수도원 경제사 등이 포함되어 있었다.

그러나 병은 베버를 붙잡고 놓지 않았다. 교단에 서는 일은 여전히 불가능했다. 베버는 정교수에서 물러나 명예 교수로만 있게 해 달라고 대학에 요청했다. 이 신청은 처음에는 받아들여지지 않았으나 계속해서 강력하게 요청했기에 승인되었다. 이렇게 아무런 일도 하지 못하고 4년 반이 지난 다음에야 베버는 논문을 쓸 수 있었다. 이때부터 베버에게는 저술 작업이라는 새로운 국면이 시작된다. 가장 먼저 쓴 것이 〈여러 사회 과학에 있어서의 방법론〉이었다.

이 무렵 병세가 어느 정도 호전되자 베버는 무리해서라도 대학에 복귀하려고 했다. 자신이 맡은 직무에 충실하지 않으면 건전한 인간이 아니라는 생각에서였다. 하지만 겨우 여름 한 철을 근무했을 뿐 다시 이탈리아로 가야 할 만큼 건강은 다시 악화되었다. 1903년 베버는 여섯 차례나 독일을 떠나 이탈리아, 네덜란드, 벨기에 등지에 머물렀다. 이 무렵 자신의 신경증 증상과 마음껏 작업할 수 없는 상황에 대한 실망, 하이델베르크 대학 교수들과의 학문적 마찰, 조국 독일의 정치적 상황 등 여러 복합적인 요인들 때문에 베버는 영원히 독일을 떠나고 싶다는 생각을 하기도 했다.

그러나 바로 그해에 독일 베를린 대학의 교수자 경제학자인 좀바르트와 함께 《사회 과학 및 사회 정책》이라는 잡지의 편집 위원으로 참여하게 되었다. 이를 계기로 베버는 많은 학자 및 정치가들과 다시 접촉하고 연구의 범위를 넓히는 기회를 갖게 되었다. 이 잡지는 나치의 탄압을 받아 간행이 중지될 때까지 독일의 사회 과학을 이끄는 역할을 했다. 1904년이 되자 베버는 활력을 되찾아서 《프로테스탄트 윤리와 자본주의 정신》의 제1부를 발표했다. 그리고 그해 8월에 베버 부부는 미국을 방문한다.

5) 미국 여행

베버는 미국의 자본주의에 대해 알고 싶은 열정이 있었기 때문에 편견을 버리고 제대로 알고 난 뒤에 판단하려고 했으며, 이 새로운 세계에 호감을 갖고 들여다보려고 했다. 미국 방문 기간 동안 베버는 특히 교통이 혼잡한 맨해튼의 모습에서 큰 감동을 받았다. 베버는 브루클린의 다리 한가운데 서서 시끄럽게 소음을 내며 오가는 차와 수많은 사람들을 보면서 활기에 찬 미국의 모습에 감탄하곤 했다. 그리고 하늘과 닿을 듯이 높은 건물들이 서 있는 모습을 보며 미국이야말로 가장 튼튼한 '자본주의의 보루'라고 생각했다.

베버 일행은 나이아가라 폭포를 구경한 뒤 시카고로 갔다. 베버의 눈에 비친 이 도시는 무법과 폭력, 고급 주택 구역과 빈민굴의 날카로운 대조, 도살장의 증기와 먼지, 피와 가죽의 뒤범벅, 그리고 수많은 인종들의 혼합 등이 복합적으로 얽혀 있는 곳이었다. 이곳에

관한 베버의 느낌은 아내 마리안네가 쓴 베버의 전기에 이렇게 나
온다.

"그리스 사람은 5센트를 받고 양키의 구두를 닦으며, 독일 사람은 급사
로 일하고, 아일랜드 사람은 정치를 하며, 이탈리아 사람은 하수구 청소
를 한다. 이 거대한 도시 전체가 마치 가죽이 벗겨져 내장의 움직임이 다
보이는 사람 같은 인상을 준다."

베버는 세인트루이스에서 강연을 했는데 사람들의 높은 호응에 다
시 교수직을 감당할 수 있겠다는 만족감과 자신감을 얻었다. 그리고
오클라호마와 뉴올리언스, 앨라배마와 버지니아 등의 주를 돌면서
필라델피아, 워싱턴, 볼티모어, 보스톤 등의 도시를 둘러보았다. 뉴
욕에서는 콜롬비아 대학 도서관을 방문해서 《프로테스탄트 윤리와
자본주의 정신》의 제2부를 쓸 자료를 구했다.
　이렇게 베버는 미국 각지를 여행하는 동안 미국 자본주의에서 청
교도적인 윤리가 무너지면서 생겨난 낭비, 특히 인간다운 생활과는
거리가 먼 막대한 비용 낭비에 대해서 비판했다. 베버는 어머니에게
보낸 편지에서 이렇게 지적한다.

"전차가 노후해 자주 고장이 나고 해마다 400명가량의 사망자와 부상

자를 내고 있습니다. 법에 따라 회사는 사망자에게는 약 5천 달러를 지급하고 부상자에게는 1만 달러를 지불해야 합니다. 이러한 보상금은 회사가 사고에 대해 방지책을 마련하면 필요 없는 비용입니다. 그러나 그들의 계산에 따르면 연간 사고 보상액이 방지 수단에 필요한 비용보다 쌉니다. 그러므로 회사는 그런 방지책을 강구하려고 하지 않는 것입니다."

이 밖에도 베버는 노동 문제, 이민 문제, 행정 제도의 문제, 인디언 문제와 그 처리, 남부의 상황, 흑인 문제 등 많은 분야에 큰 관심을 보였다. 그리고 베버가 미국 여행에서 얻은 자본주의에 대한 관찰은 《프로테스탄트 윤리와 자본주의 정신》의 제2부인 프로테스탄트 각 교파와 자본주의 정신의 관계를 설명하는 부분에 반영되었다.

이와 더불어 베버에게 미국은 독일을 개혁할 새로운 사회의 모델이기도 했다. 프로테스탄트 교파들이 최대한의 자유를 누리며 그에 따라 비종교적이며 자발적인 시민 단체들이 번성한 미국은 시민 정신의 새로운 장이기도 했기 때문이다. 특히 베버는 미국의 관료제에 관심을 기울였다. 그 결과 베버는 규율 있는 정당 조직과 전문적인 직업 관리에 의해 근대 대중 민주주의가 행해져야 한다고 보았다. 1918년 동료에게 보낸 편지에서 베버는 독일 스스로 다시 교육하는 수단으로 미국과 같은 '자생적인 클럽'을 도입해야 한다고 주장하기도 했다.

프로테스탄트 교파들에 대한 연구를 통해서 베버가 확신하게 된 것은, 권위주의는 강제에 굴종하는 사람들의 마음속까지는 다스리지 못하며, 일단 권위주의 체제가 대항하는 혁명 세력에 의해 무너지게 된다면 사람들은 자신의 의지로 의사를 결정하지 못하는 상태로 방치될 것이라는 점이었다. 반면 항상 금욕적이고 청교도적인 윤리에 바탕을 둔다면 권위적인 제도나 규제의 방식보다 훨씬 더 깊이 있게 사람들을 단련할 수 있다고 베버는 확신했다.

6) 1905년 이후

베버는 독일에 돌아가자 곧 하이델베르크에서 저술에 착수해 《프로테스탄트 윤리와 자본주의 정신》의 제2부를 완성했다. 베버는 한 친구에게 보낸 편지에서 "프로테스탄트의 금욕주의를 근대적인 직업 문명의 기초, 즉 근대 경제의 정신적인 구성 요소의 하나로 본다."라고 썼다.

1905년에 일어난 러시아 혁명은 베버의 연구 방향을 바꾸게 했으며 이듬해인 1906년에 근대 러시아에 관한 논문 〈러시아에서의 부르주아 민주주의의 상황〉과 〈러시아에서의 사이비 입헌제로의 이행〉을 집필했다. 이 저술로 주변의 많은 학자들이 베버의 교단 복귀를 권유했으나 베버는 좀 더 저술에만 전념하고 싶어 거절했다. 그러나 여러 방면에서 뛰어난 업적을 인정받았기에 대학에 끌려 들어가지 않을 수 없었다. 그래서 유망한 연구자의 자격을 심사하고 젊은 학자들에게 활동 무대를 제공하는 행정적인 일을 담당하게 되었다.

1908년 베버는 할아버지가 물려준 리넨 공장에서 산업 노동자들의 심리를 조사했다. 베버는 이전부터 이에 대한 연구를 하고 싶었는데, 베버가 쓴 방법론에 관한 노트를 보면 공장 노동자의 생산성에 영향을 미치는 육체적·심리적 요인들을 인과적으로 분석하는 것이 그 목적이었다. 또 같은 해에 고대의 사회 구조를 다룬 〈고대 농업 제도론〉이라는 긴 논문을 완성했다.

하이델베르크에 머물고 있던 1906년에서 1910년까지 베버는 뛰어난 동료들은 물론 많은 분야의 사람들과 지적인 토론 모임을 갖기도 했다. 그중에는 몇 사람의 유명한 예술가를 비롯해서 음악가, 배우, 시인, 미술 감정가, 정신 의학자 등 학계와 예술계의 뛰어난 사람들이 포함되어 있었다.

한편 베버는 사회학회 창립을 위해서도 노력을 기울였다. 베버는 조직체에 따르기 마련인 여러 가지 불평과 불만을 사심 없는 태도로 극복해 나가는 한편 학회의 토론 방향과 연구 범위를 정하는 역할을 맡았다. 또한 체육 연맹이나 종교 단체, 정당 등 자발적으로 활동하는 사회단체와 공동으로 연구하는 작업을 추진했다. 그리고 사회 과학 분야의 총서 《사회 경제학 강요》 편집을 맡아 진행했다. 이 작업은 2년 계획으로 세워졌으나 시간이 많이 걸려 베버 사후까지 계속되었고 베버의 저서 《경제와 사회》는 이 시리즈의 1권으로 베버 사후에 출판되었다.

7) 제1차 세계 대전 이후

1914년 제1차 세계 대전이 시작되었을 때 베버의 나이는 쉰한 살이었다. 베버는 애국심에서 현역으로 참전하고 싶었으나 나이와 건강 상태가 이를 허락하지 않았다. 하지만 베버는 예비군의 일원으로 참여해 군기 및 보급품을 담당하는 대위로 복무하며 하이델베르크 지구 아홉 개 병원의 설립과 운영을 도왔다. 베버는 이 일을 맡으면서 자신의 사회학에서 중심 개념이 된 관료제를 독일 내부에서 경험하게 된다. 베버는 권위주의적인 독일 관료 사회의 모순을 겪으면서 이를 일관성 있으며 합리적인 관료제로 바꾸려고 노력했다. 1915년 가을, 베버는 약 1년에 걸친 관료제의 체제 개혁을 추구하다 제대하게 된다.

사실 전쟁을 겪으면서 베버는 독일의 군부 등 전쟁 주역들에게 많은 불만을 갖게 되었다. 그래서 제국주의자들의 광적인 야망을 막기 위해 베를린에 가서 정부에 건의하기도 했으나 받아들여지지 않았다. 뒤에 베버는 제1차 세계 대전이 군부가 군수 산업과 농업 자본가들의 야욕을 실현하기 위해 위험한 모험을 한 것에 지나지 않는다는 결론을 내리기도 했다.

1916년 가을, 하이델베르크로 돌아간 베버는 히브리 예언서를 연구하면서 《경제와 사회》 집필에 몰두했다. 1917년 겨울에는 사회주의와 평화주의를 옹호하는 젊은 학생들과 자주 토론을 벌였는데, 이들이 체포되어 군사 법정에 섰을 때에는 변론을 맡아 석방시키기도 했다.

1918년 4월 베버는 비엔나 대학으로 옮겨서 여름 학기를 맡았다. 실로 19년 만에 맡은 강의였다. '유물 사관의 실증적 비판'이라는 제목 아래 베버는 세계 종교와 정치 사회학을 강의했는데 이 강의는 모든 대학의 행사처럼 되어 교수, 관리, 정치가 등까지 청강할 정도로 많은 사람들의 관심을 끌었다. 비엔나 대학은 베버에게 평생 교수의 자리를 제공하겠다고 했으나 베버는 이를 받아들이지 않았다.

이 무렵 베버는 점차 군주제 옹호자에서 공화제 신봉자로 변해 갔다. 베버는 제1차 세계 대전이 끝난 다음부터 새로운 체제 아래서는 어떠한 자리도 사양했지만 베를린, 괴팅겐, 본, 뮌헨 등 여러 대학에서 초청이 잇따랐다. 결국 베버는 뮌헨 대학의 요청에 응해서 1919년 여름에 부임했다. 이곳에서의 강의가 마지막 강의가 되었는데 이는 뒤에 정리되어 《일반 경제사》라는 이름으로 출판되었다.

1920년 여름, 베버는 다시 병이 들어 병원을 찾아갔는데 진단 결과 만성 폐렴이라는 것을 알게 되었다. 그러나 치료하기에는 너무 늦어 결국 베버는 1920년 6월 세상을 떠나고 만다.

2. 베버의 사상과 학문적 성과

앞에서도 지적했듯이 베버는 20세기에 큰 영향력을 미친 사상가였다. 베버는 다양한 학문을 연구했으며 여러 방면에 걸쳐 해박한 지식을 두루 갖추었고 탁월한 지적 능력을 소유했다. 그 배경에는 어린 시절부터 다양한 언어를 습득하고 많은 학자들과 교류하며 토론할 수 있던 집안 환경과 독일의 축적된 지식, 특히 역사학·고전학·심리학·신학·비교 문학·언어학·철학 등의 학문적 발전을 바탕으로 한 연구와 학회 활동, 그리고 마르크스주의자를 비롯한 가톨릭 신학자, 경제학자 등 각 분야의 전문가들과 벌인 활발한 논쟁과 토론이 자리 잡고 있었다. 특히 사회주의자들과 벌인 활발한 정치적·사회 과학적·경제학적 논쟁은 베버의 학문적 발전을 이루는 토대가 되었다. 그렇다면 베버 사상의 핵심과 학문적 업적에 대해 간략하게 살펴보자.

1) 베버의 사상

베버 사상의 가장 중요한 핵심은 사회 과학이 가치 판단을 하기 전에 사실로서 사고해야 한다는 몰가치성과 가치 중립성을 추구해야 한다는 것이다. 또한 모든 학문적 판단은 역사적 사실이나 사회적 현상의 구체적인 실상을 연구하고 파악한 다음에 내려진다는 사회 과학의 방법론에 대한 성찰에 있다고 할 수 있다. 베버 당시에 사회 과학은 아직 사회학이나 경제학, 역사학, 종교학 등의 개별적인 학문으로 분화된 상태가 아니었다. 따라서 이 당시 사회 과학이란 이런 여러 학문을 포괄하는 개념이었다.

그런데 19세기부터 독일의 사회 과학, 특히 사회 경제학은 먼저 가치 판단을 전제로 하고 그것을 역사에 적용하는 방법론을 펼치고 있었다. 가령 사회주의의 유물 사관은 역사 발전의 원리를 생산력과 생산 관계의 모순과 갈등이라고 보고 하부 구조가 상부 구조를 결정한다는 가치 판단을 전제로 하고 역사를 해석하고 있었다. 이와 더불어 독일에서 발전한 신역사학파는 슈몰러, 브렌타노 등이 중심이 되었는데 이들은 국민 경제의 발전을 위해 도덕적이거나 윤리적인 가치를 전제로 한 경제적·사회적 정책을 펴야 한다고 주장했다. 그래서 이들은 후진국인 독일이 발전하기 위해서는 노사가 협조해야지 대립해서는 안 된다는 노사 협조 이론과 국가의 발전이라는 목적의식을 가지고 사회 정책을 펼쳐야 한다고 주장했다. 이들 신역사학파를 강단 사회주의자라고도 부르는데 국가의 역사적 발전 과정을 지나치게 강조하면서 사회 과학의 이론적 객관성을 소홀히 한 측면이 있었다.

베버는 이들과 사회 과학의 가치 판단 논쟁을 벌이면서 사회 과학이 어떤 목적을 가진 가치를 전제로 연구되어서는 안 된다는 입장을 밝혔다. 다시 말하자면 베버는 사회 과학은 엄밀한 조사와 연구를 통한 객관화 작업에 의해 일반적인 원칙과 보편적인 개념을 이끌어 내야 하는 학문이지 전제된 가치를 적용하는 학문이 아니라고 하면서 과학으로서의 학문을 제시했다. 이 논쟁을 통해 내린 베버의 결론은 오늘날까지 학문 연구의 기본자세로 널리 인정되고 있다.

그렇다면 어떻게 해서 사회적 행위나 역사적 사실로부터 일반 원칙을 이끌어 낼 수 있는가? 이에 대해 베버가 제시한 개념이 이념형이다. 베버는 사회 과학의 주된 목표가 현실 세계의 특성을 이해하는 것, 즉 특정의 역사적 현상이 나타나게 된 원인을 이해하는 것이라고 보았다. 그러나 이를 위해서는 무한히 복잡하고 서로 연관되어 있는 경험 세계를 추상화할 필요가 있다. 이때 사회 과학자는 관심을 끄는 어떤 종류의 문제들을 선택하는 것이 불가피하며, 어떻게 원인과 결과의 관계를 수립할 수 있는가 하는 문제와 부딪치게 된다.

베버는 이에 대해 생각 속의 실험을 구성해 볼 것을 제안했다. 이는 어떤 사건이 발생하지 않았거나 실제와 다른 방식으로 발생했다고 한다면 어떻게 되었을까를 실험해 보는 것이다. 그런데 막상 주제를 선택하더라도 사용하는 모든 개념들을 현실로부터 직접 도출할 수는 없다. 따라서 하나의 역사적 현상에 대한 이해 및 설명은 그 목적을 위해 특별하고 자세하게 설명하는 개념을 구성할 필요가 있다. 이를 위해 필요한 것이 바로 이념형이라고 베버는 말한다. 이는 현실 안에서 나타나는 것을 추상화시켜 명료하게 일반화하는 작업을 의미한다.

흔히 연구자들은 자신이 사용하고 있는 개념에 대해 충분하게 인식하지 못하므로 그들이 정한 형식은 불분명하고 부정확한 것이 되기 쉽다. 이념형은 순수하게 개념적인 사고 안에서 형성되는 것이 아니라, 구체적인 문제들에 대한 경험적 분석을 통해 만들어지고 수정되며 또 다듬어진다. 그러므로 다시 그 경험적 분석의 정밀성을 높여 주는 것이다. 이념형은 개념적 순수성이라는 점에서 볼 때 현실에서는 어디에서도 찾아볼 수 없으며, 이념형을 구성하는 유일한 목적은 경험적 문제들을 쉽게 분석하도록 하는 데에 있다. 이 책에서도 베버는 이념형을 세우고 있는데, 프로테스탄트 윤리나 칼뱅주의, 자본주의 정신, 합리화와 같은 개념이 바로 이념형이다.

2) 베버의 학문적 성과

흔히 베버를 근대 사회학의 아버지라고 부르듯이 베버는 자신의 사회 과학에 대한 방법론을 구체적으로 적용해서 많은 저술을 했다. 그중 가장 대표적인 책이 근대 자본주의의 합리적인 정신을 프로테

스탄트 윤리와 연관시켜 밝힌 《프로테스탄트 윤리와 자본주의 정신》
이다. 그 외에도 자신의 사회 과학 방법론의 이론적 토대를 구축한
《경제와 사회》, 정치의 합리성 문제를 다룬 《직업으로서의 정치》, 세
계의 여러 종교를 사회 발전과 연관해서 연구한 《종교 사회학 논집》
을 들 수 있다. 그렇다면 베버의 대표적인 저술과 학문적 성과를 살
펴보자.

《프로테스탄트 윤리와 자본주의 정신》

베버가 서구 문명의 지배적인 경향으로 꼽는 생활의 점진적 합리
화는 베버의 모든 사상과 학문에 걸쳐 일관되게 나타나는 주제였다.
베버는 합리화 개념을 《직업으로서의 학문》이라는 책에서 지성화라
는 개념과 결부해서 다음과 같이 설명하고 있다.

"지성화와 합리화가 더해 간다는 것은 단지 인간이 사는 조건에 대
한 지식이 늘고, 그것에 대한 일반적 지식을 갖게 됨을 의미하는 것은 아
니다. 이는 인간이 원하기만 한다면 어느 때라도 배울 수 있다는 인식이
나 신념을 의미한다. 따라서 신비스럽고 계산할 수 없는 그 무엇인가가
작용하고 있지 않다는 의미다. 인간은 원칙적으로 계산에 의해 모든 것을
지배할 수 있다. 이 말은 곧 세계가 주술로부터 해방되었다는 의미다. 인
간은 이제 정령을 지배하거나 정령에 간청하기 위해 주술적인 수단에 의

지할 필요가 없다. 신비에 싸인 세력이 존재한다고 믿었던 미개인들과는 다르며 기술적인 수단과 계산이 이를 대체하고 있다."

하지만 기술의 발전이 합리화에 기여한 것을 인정하면서도 베버는 마르크스가 경제 체제와 기술 발전을 밀접하게 연관시킴으로써 손절구와 봉건제, 증기 기관과 자본주의를 곧바로 연결해서 도식적인 해석에 빠진 것을 잘못이라고 보았다. 즉 베버는 세계 역사의 진화 과정에서 필연적으로 도달하게 될 어떤 목표를 설정한 마르크스의 역사 철학을 거부했던 것이다. 베버는 사회 과학자가 각 시기를 이전 시기에 대한 필연적인 결과라고 볼 것이 아니라 각 시기를 특유하게 만드는 특징들을 파악하고, 이 특징들이 어떻게 각 문명에 독창성을 부여하는지를 살펴보아야 한다고 말했다.

여기서 베버는 서구 문명의 특수성이라는 문제를 제기했다. 어떻게 해서 서구 문명에서만 보편적 의의와 가치를 지닌 이러한 사회·문화 현상이 나타났는가? 이 문제에 대한 적절한 해답을 추구한 것이 바로 이 《프로테스탄트 윤리와 자본주의 정신》이다.

《프로테스탄트 윤리와 자본주의 정신》은 베버가 자신의 사회 과학 방법론을 어떻게 적용하는지 그 과정을 잘 보여 준다. 베버는 유물론적 역사 해석과 관념론적 역사 해석 모두를 거부해야 한다고 보았다. "탐구하는 데 이 두 가지는 모두 가능하다. 하지만 이 두 가지가 연구의 예비적인 절차로가 아니라 그 연구의 결론으로 주장될 때에는 그 어느 것도 역사적 진리를 규명할 수 없다."라고 한 이 책의 결론을 보면 방법론에 대한 베버의 입장을 잘 알 수 있다.

당시에는 학문을 자연 과학과 문화 과학, 혹은 일반 법칙적 과학과 특수 과학 같이 근본적으로 서로 다른 둘로 나누어 인식하는 견해가 지배적이었다. 따라서 인간 행위의 세계는 자연 과학적 방법이 적용될 수 없으므로 부정확하고 직관적인 절차가 연구 방법으로 채택되어야 한다고 보았다. 그러므로 인간 세계는 비합리적 세계며 민족정신이나 민족혼에 호소할 수 있는 세계인 셈이다.

그러나 베버는 이러한 구분을 거부했다. 사회 과학은 반드시 정신적인 혹은 이념적인 현상들과 관련되는 것이다. 그러한 현상은 자연 과학에 의해 다루어지는 주제에는 포함되지 않는, 인간 특유의 특성이다. 그러나 사회 과학의 주제를 선별하고 파악하는 데에는 주관성이 개입되는 것 또한 사실이다. 그렇다고 해서 사회 과학 연구에서 객관성을 희생시킬 필요도 없으며 그렇게 되어서도 안 된다. 또 원인과 결과의 분석이라는 과학적 방법을 직관이 대체하도록 해서도 안 된다는 것이 베버의 생각이었다. 베버는 사회 과학의 객관성이 어떻게 가능할 수 있는지를 보여 주려 했다. 《프로테스탄트 윤리와 자본주의 정신》은 이러한 사회 과학 방법론의 이론과 실제가 잘 어우러진 작품이라 할 수 있다.

《경제와 사회》

《경제와 사회》(총4권 1922년 유고로 완간)는 사회학자로서 베버의 역량을 잘 드러낸다는 평가를 받고 있다. 이 책은 역사적으로 포괄하는 분야가 광범위하며 체계까지 방대해 사회학을 중심으로 경제학·역사학 등 여러 학문을 폭넓게 수용하고 있다. 말하자면 현대 사회학에 관한 지식의 백과사전인 셈인데 '사회학적 개념 구성의 건축학'이라고 불린다.

베버가 이 책을 쓴 목적은 사회학의 영역을 포함하는 일반 사회학을 서술하는 것이 아니었다. 베버는 인류가 밟아 온 경제의 형식과 다양한 지배 구조, 법, 종교 사이의 관련성을 분석했다. 특히 근대 문화에 결정적인 영향을 끼친 자본주의 사회 질서 및 힘의 역동적인 관계를 따지고 들었다. 이런 작업의 궁극적인 목적은 근대 사회와 인간의 운명에 대한 성찰이라고 할 수 있다.

베버는 근대화를 합리화로 이해했다. 동시에 근대화는 분화의 과정이기도 했다. 이러한 베버의 시각은 관료제에 대한 이해에서 잘 드러난다. 관료제는 분업을 기초로 한 조직 원리로서 가장 합리화된 조직이라는 것이 베버의 주장이었다. 그러므로 관료제는 근대 사회의 조직 원리가 된다.

하지만 베버는 이러한 관료제를 좋은 제도라고 보지 않았다. 관료제의 결과는 '강철 우리'에 암울하게 비유되었다. 즉 인간을 보다 풍

요롭고 자유롭게 해 준다는 목적 자체에 대한 고려보다는 목적을 가장 잘 달성하는 수단에 대한 고려만이 팽배하게 되어 인간 소외가 일어난다는 것이다.

마르크스가 경제를 중시했다면 베버는 그와 반대로 정신적인 요소를 중시했다. 베버도 역시 자본주의 사회에 많은 관심을 기울였고 합리적이고 금욕적인 자본주의 정신에 대해서 옹호하는 편이었다. 그러나 자본주의가 타락하면 결국 인간에 대한 배려는 사라진다는 점을 우려했다. 그러므로 베버는 마르크스의 인간론을 직접 반박했다기보다는 당시 지배하고 있었던 유물론을 반박했다고 보는 것이 더 맞을 것이다.

《종교 사회학 논집》

1920년에 출간한 논문집이다. 베버의 인식 체계에서 종교 연구가 차지하는 위치와 의미를 평가한다면 종교와 관련된 모든 저작은 근본적으로 세계 종교와 합리주의의 유형 및 사회 발전이 어떤 연관을 갖고 있는지에 초점을 맞추고 있다고 말할 수 있다.

베버의 주요 저서인 《경제와 사회》의 종교 사회학 부분에서 베버는 이렇게 말하고 있다.

"우리는 결코 종교의 본질이 아니라 특정한 종류의 공동체 행위 조건과 그 영향으로서의 종교를 다루고자 하므로 이에 대한 이해는 여기에서도 역시 개인들의 체험·심상·목적을 통해서 가능해진다. 왜냐하면 외적인 과정은 매우 다양하기 때문이다. 종교적 또는 주술적으로 동기를 가진 행위는 원래 현세 지향성을 보여 준다."

따라서 베버의 종교 사회학은 어느 특정한 종교가, 그리고 그중에서도 특히 구원론이 어떤 인간 집단에서 어떠한 행위 유형을 낳게 했으며 어떠한 방향으로 이를 합리화시켰느냐 하는 관점에서 세계 종교를 비교 연구하는 것이다. 구체적으로 말하자면, 종교에 대한 베버의 비교 연구는 종교적 이념에 의해 영향을 받은 다양한 문화권의 경제 윤리에 대한 유형학과 사회학을 추구한다. 바로 이러한 의미에서 베버는 합리주의의 유형학과 사회학을 추구한다고 볼 수 있다.

그리고 접근 방법으로는 이해와 설명의 방법을 결합시키고 있다. 여기에서 이해란 어느 특정한 인간 집단에 나타나는 경제 윤리를 이해하려는 시도를 가리키는 것인데, 이는 구체적으로 이 경제 윤리의 내용, 구조 및 그 의미성을 드러내고 밝히는 시도를 가리킨다. 그리고 설명이란 특정한 경제 윤리가 종교적 이념, 그중에서도 특히 구원론과 어떠한 인과 관계에 있는가를 드러내고 밝히는 시도를 가리킨다.

《유교와 도교》

이 책은 1915년 베버가 〈유교와 도교〉라는 논문으로 발표한 것이다. 중국의 사회 제도를 분석한 면에서는 높은 평가를 받았지만, 베버는 전문적으로 중국을 연구한 학자도 아니었으며 당시에는 중국에 대해 정확한 정보와 자료가 부족했기 때문에 오류가 있다고 지적되는 책이다. 사실 당시 서양 사람이 본 동양의 사상과 체제는 이해할 수 없는 것이었고 그로 인해서 왜곡될 수밖에 없었다.

《유교와 도교》의 중심 목적은 '중국에서는 왜 자본주의가 발생하지 않았는가.'라는 문제를 분석하는 것이다. 베버는 중국의 경제와 사회 제도의 역사에 관해 서술하며 중국의 화폐 경제 제도, 시장과 길드, 봉건 제도, 가산제 국가와 관료 정치, 강력한 친족 조직, 법 제도 등의 역사적 전개 과정과 특징들을 토대로 중국의 사회 체계를 분석한다.

베버의 주장에 따르면 중국에서는 오랜 노력에도 불구하고 유효한 화폐 제도가 자리 잡지 못했으며, 상인과 수공업 길드와 봉건 도시에는 자주권이 결여되어 있었다. 강한 친족 조직의 유대감과 친밀감 때문에 이성적이고 합리적인 경제 기업도 제대로 성장하지 못했다. 베버는 중국의 예를 중시하는 문화가 근대적 자본주의 발전을 가로막았다고 보았다.

《직업으로서의 학문》

이 책은 베버가 죽기 1년 전인 1919년 뮌헨 대학에서 행한 강연 원고를 출판한 것으로 베버의 후기 사회 사상이 가장 쉽게 요약되어 있다. 이 강연의 화두는 단순히 학문이지만 그 밑바닥에는 '주술로부터 세계를 해방시킨 합리화 과정'이라는 베버 사상의 중심 주제가 놓여 있다.

베버에게 학문은 세계의 합리화 과정을 이끌어 가는 가장 중요한 요소였다. 그렇기 때문에 베버는 대학에서 학문에 종사하는 모든 사람에게 개인의 주관적이고 치우친 입장을 배제하고 엄정하게 가치 중립성을 지켜야 한다고 단언한다. 이는 자신의 주관적인 가치 판단이 사실의 진정한 인식을 방해하기 때문만이 아니라 학문이 서로 용납할 수 없는 여러 신들의 투쟁에 대해 결론을 내릴 수 없기 때문이다. 베버는 이렇게 수행되는 근대 학문의 한계를 다음과 같은 말로 압축하고 있다.

"너희가 하나의 신을 경배할 때 그것은 다른 신들을 모독하는 일이 된다."

이 책은 베버 자신의 학자적 생애에 대한 고백서라고도 할 수 있다. 그러나 베버는 "주의하라. 악마는 늙었다. 그렇기 때문에 악마를 이해하려면 너도 늙지 않으면 안 된다."라는 말로 학문의 가치를 옹호한다. 학문이 갖는 지적인 통찰의 가치가 다른 가치들과 서로 부딪칠 수도 있다는 점을 인정하고 학문의 한계를 증명함으로써 역설적으로 베버는 근대 학문의 사명과 자신감을 회복시켰던 것이다.

《직업으로서의 정치》

이 책은《직업으로서의 학문》과 마찬가지로 1919년 베버가 뮌헨 대학에서 행한 공개 강연을 책으로 묶은 것이다. 이 두 강연은 베버의 인생 말년에 행해졌고 내용상으로도 원숙한 사상이 담겨 있기 때문에《직업으로서의 정치》는 이미 오래 전부터 사회 과학도들 사이에서 베버의 사상을 이해하는 필수적인 문헌으로 간주됐으며, 사회학의 고전으로도 높은 평가를 받았다.

이 책은 정치와 국가는 무엇이며, 정치 지도자란 어때야 하는가에 대해 다루고 있다. 정치 지도자가 가져야 할 세 가지 자질로는 현실에서의 정열적 헌신, 행위의 결정적인 목표가 되어야 할 현실에 대한 책임, 그리고 마지막으로 사물과 인간에 대해 거리를 두는 통찰력을 지적했다. 어떤 사람은 이 책을 베버의 유언이라고 평하기도 한다. 다음은 이 책의 마지막 부분을 인용한 것이다.

"정치는 정열과 판단력 두 가지를 구사하면서, 단단한 판자에 힘을 모아 서서히 구멍을 뚫어 가는 작업입니다. …… 아무리 어리석고 천해 보일지라도 절대로 굴하지 않는 사람, 어떤 사태에 직면해서도 '그럼에도 불구하고!'라고 단언할 자신이 있는 사람, 그런 사람만이 천직으로서의 정치를 하는 것입니다."

3.《프로테스탄트 윤리와 자본주의 정신》따라잡기

1)《프로테스탄트 윤리와 자본주의 정신》의 중심 내용

베버는 신경증이 어느 정도 치료되어 안정을 찾던 무렵인 1904년에서 1905년 사이에《프로테스탄트 윤리와 자본주의 정신》을 구성하는 논문을 썼다. 그리고 베버는 이 책에서 자신이 살고 있는 시대의 성격, 즉 현대 서구 문명의 핵심 정신인 에토스와 이를 탄생시킨 직접적인 원인이 무엇인지 이념형을 찾아내고 서구 문명의 미래가 어디를 향하는지에 대해 윤곽을 그려 보고자 했다. 그런 점에서 이 책은 베버의 사상이 어느 정도 완성되어 갔던 시기에 사회 과학 방법론을 역사적 사실에 적용시킨 대표적인 저작이며, 베버의 열정과 관심이 가장 잘 나타나 있는 저작이라고 할 수 있다.

베버의 목적은 어떤 이론적 틀을 전제로 하고 그 가치 판단에 따라 역사적 사실을 배치하는 유물 사관이나 신역사학파의 입장에 반대하면서, 역사적 사실을 바탕으로 이념형을 찾는 데 있었다. 베버의 관심을 끌었던 것은 "자본가와 기업가들, 특히 근대 기업의 숙련된 상급 노동자와 관리자 계급 대부분의 사람들이 프로테스탄트"라는 점이었다. 이런 현상과 관련해서 우선 생각해 볼 수 있는 것은, 자본주의 발전 초기의 중심지들이 일반적으로 종교 개혁 운동이 활발히 전개된 지역들과 겹쳐진다는 점이었다.

그런데 이런 현상을 설명하기 위해 흔히 생각하기 쉬운 입장은 경제적 전통주의, 즉 도제와 같은 권위적인 틀을 벗어남으로써 낡은 종교 제도, 즉 여기서는 가톨릭 교회로부터 벗어나게 했다는 것이다. 그러나 경제적 변동이 정신에 반영된 것이라고 보는 이러한 설명은 역사적 진실과 들어맞는 것이 아니었다. 종교 개혁은 교회로부터의 이탈이 아니라 더 심한 교회의 규제를 받아들이는 것을 의미했기 때문이다. 프로테스탄트 신앙은 도리어 신에 대한 현세적인 믿음을 강화시켰고 개인적인 오락과 향락에 대해 가톨릭보다도 더욱 단호하고 엄격한 태도를 취했다. 따라서 만일 프로테스탄트와 자본주의 발전 사이의 관계를 설명하고자 한다면 프로테스탄트 신앙의 특성을 살펴보아야 한다. 이 점을 밝히기 위해서는 프로테스탄트 신앙의 내용에 대한 분석과 함께 그것이 프로테스탄트의 행위에 미치는 영향에 대한 평가는 물론, 근대 서구 자본주의의 특성에 대해서도 구체적으로 파악할 필요가 있다.

그런데 프로테스탄트가 그 이전의 종교 형태와 서로 다른 것처럼 근대 자본주의 역시 이전의 자본가적 활동과는 근본적으로 다른 특징을 보여 준다. 근대 자본주의 정신은 정당한 경제적 활동을 통한 부의 획득이 자신의 소득을 개인적 향락에 사용하지 않으려는 태도와 독특하게 조화를 이루었다는 점에서 경제적 전통주의와 구분된다. 이와 더불어 근대 기업은 생산을 합리적으로 재조직하는 구조의 변화를 통해 생산 효율을 극대화하려 했다. 그 이유는 자본주의의 경제적 토대는 합리적인 태도와 금욕적인 자본주의 정신이 새롭게 도입됨으로써 나타난 결과였기 때문이다.

그렇다면 다시 이야기는 본래의 문제, 즉 이런 합리적 사고는 어디에서 나왔는가의 문제로 귀결된다. 베버는 그 원인을 추적하면서 프로테스탄트 신앙이 지녔던 소명 개념에 주목한다. 중세 가톨릭 시대나 혹은 고대에는 소명이라는 개념이 존재하지 않았다. 하느님에게 부름을 받았다고 생각하는 소명은 현실에서는 직업에서의 성실함과 금욕적인 생활 자세를 이끌었다. 그러므로 이는 세속적인 일상 생활의 일을 종교적 영역으로 편입시키는 것이었다. 그런데 이 소명이라는 개념을 최초로 사용한 사람이 루터라는 이유로 루터주의를 자본주의 정신의 원천으로 생각해서는 안 된다. 왜냐하면 루터주의는 가톨릭과 마찬가지로 물질과 돈의 추구를 신에 대한 모독이라고 생각했기 때문이다. 이에 비해 현실에서 소명으로서의 직업이라는 개념을 더욱 확고하게 정립한 것은 이른바 금욕적인 프로테스탄트였다.

금욕적인 프로테스탄트의 주류를 이루는 종파로서 베버는 칼뱅주의, 감리교, 경건주의, 침례교를 지목했다. 물론 이들은 모두 서로 밀접한 관련이 있으나 그 발생이나 입장이 같은 것은 아니었다. 베버는 《프로테스탄트 윤리와 자본주의 정신》 제2부에서 이 종파들의 특징과 입장을 상세하게 다루고 있다. 다만 베버는 이들의 교리 가운데 경제 활동과 관련된 개인의 행위를 규정하는 요소들만을 다루고 있다. 그리고 베버가 이러한 종파 중 가장 중요하게 본 것은 칼뱅주의였다. 베버는 칼뱅주의의 주요 교리인 예정설에 주목한다. 단지 소수의 인간만이 영원한 은총을 받도록 신에게 선택되어 있다는 예정설은 인간 스스로는 운명을 선택할 수도 없고, 선행을 해도 바꿀 수 없다는 것이다. 그러므로 평신도든 성직자든 간에 자신이 선택받았는지를 알 수 있는 사람은 아무도 없다. 이제 교회와 세례를 통한 구원의 가능성이 송두리째 사라지게 되었고 신자들은 지금까지 겪지 못한 고립감을 경험하게 되었다.

이러한 개인 내부의 고립감은 '신은 절대적으로 초월적인 존재며 육체적인 모든 것은 타락한 것'이라는 엄격한 교리와 결부되면서 문화 및 종교의 모든 감각적·감정적 요소에 대한 부정적 태도의 바탕이 되었다. 또 칼뱅주의자들이 직면했던 질문인 '나는 과연 선택받은 존재인가?'에 대해 다음 두 가지의 교리가 제시되었다. 첫째, 각 개인은 자기 자신을 선택받은 사람으로 생각해야 할 의무가 있다. 따라서 선택의 확실성에 대한 의심은 신앙이 불완전해 은총을 받을 수 없다는 증거가 된다. 둘째, 열심히 세속적인 활동을 하는 것이야말로 자기 확신을 주고 신앙을 유지시키는 적절한 수단이다. 따라서 세속에서 훌륭한 일을 수행하는 것은 선택의 표시로 간주되었다. 즉 소명으로서 직업에 충실한 것은 구원을 얻는 수단이 아니라 구원에 대한 의혹을 없애는 수단이 된 것이다.

이렇게 칼뱅주의가 현실 세계에서 노동에 충실한 것을 윤리적으로 가장 높이 평가하면서 프로테스탄트는 더욱 열심히 일하게 되었고 이에 따라 돈, 즉 자본을 축적하게 된다. 그러나 재산이 많다고 해서 직업에 헌신해야 할 신성한 의무가 면제되는 것은 아니다. 그러므로 이들은 더욱 자신을 금욕적인 생활로 이끌면서 더 많이 일하는 사람이 될 수밖에 없었다.

근대 자본주의 이전의 자본 취득 형태들은 대부분 규범과는 무관한 특징을 가진다. 실제로 고리대금업이나 약탈적인 무역, 또는 권력과의 밀착을 통해 자본을 축적한 경우가 많았다. 그러나 근대 자본주의로 들어서면서 프로테스탄트의 소명 의식이 금욕적인 생활과 직업에 대한 성실성을 하나의 규범으로 만들었고, 기업가는 물론 노동자에 이르기까지 합리적인 생활 태도를 갖게 되었다. 칼뱅 이후, 청교도의 직업 개념은 개인이 신의 도구로서 성실하게 자신의 직업을 수행할 의무를 좀 더 강조한다. 부의 축적은 나태한 사치의 유혹이 되었을 경우에만 도덕적으로 비난받는다. 물질적인 이윤을 얻었다고 해도 그것이 자신의 직업을 통해 금욕적으로 생활한 결과라면, 허용될 뿐만 아니라 도덕적으로 권장되기까지 한다. 가난하기를 바란다는 것은 건강하지 않기를 바라는 것처럼 비합리적이다. 그것은 소명으로서의 직업에 충실한 사람이 받아야 할 찬사를 반대하는 것이며 신의 영광을 훼손하는 행위로 규정되었다.

이렇게 베버는 프로테스탄트 윤리가 초기 자본주의에 어떤 정신적 영향력을 미쳤는지를 분석하면서 프로테스탄트의 금욕적인 태도와 소명에 따르는 직업의식이 초기 자본 축적에 기여하는 동시에 합리적인 경영과 노동을 이끈 동기였음을 밝힌다. 그러나 프로테스탄트 윤리가 오래 지속되었던 것은 아니라는 점 역시 지적하고 있다. 근대 자본주의가 일단 광범위하게 수립되자 승리에 빛나는 자본주의는 금욕주의의 정신적 지원을 더 이상 필요로 하지 않게 되었다.

이제 소명으로서의 직업이라는 개념은 과거의 종교적인 망령으로 현재의 삶 속을 떠돌아다니고 있다. 종교적 의미를 잃어버린 이윤 추구는 세속적인 열망과 결합해 경쟁만을 부추기는 스포츠의 성격을 띠기까지 한다. 금욕적 윤리에 바탕을 둔 신도의 망토 대신 인간의 노동력만을 높여 보다 많은 이윤을 얻으려는 이 강철 우리 속에 누가 살게 될지, 이런 무시무시한 발전의 끝에 완전히 새로운 예언이 탄생할 것인지 혹은 과거의 사상과 이상이 강력하게 다시 태어날는지는 아무도 모른다. 다만 베버는 "영혼이 없는 전문가, 가슴이 없는 향락주의자, 이 공허한 인간들은 일찍이 인류가 도달하지 못했던 단계에 도달했다고 자부할 것이다."라는 괴테의 말을 인용하고 있다.

2) 《프로테스탄트 윤리와 자본주의 정신》의 의의

이 책에서 종교 개혁과 근대 자본주의 사이에 어떤 관계가 있는지를 밝힌 것은 베버만의 성과가 아니다. 이 관계에 대해서는 베버 이전의 많은 학자들도 이미 제기했다. 먼저 마르크스주의의 해석에 따르면 프로테스탄트 윤리란 자본주의 초기 발전 과정에서 나타난 경제적 변동이 정신에 반영된 것이라고 주장한다. 마르크스주의의 기본 주장은 문명에 속하는 모든 사건들이 기본적으로 하나의 단일한 요소, 즉 생산력에 의해서 결정된다는 것이다.

그러나 베버는 이러한 가치 판단이 담긴 관점이 사회 과학의 진실 규명 방법론으로는 부적절하다고 보면서 새로운 가설, 즉 이념형을 제안했던 것이다. 이념형이란 어떤 사회 현상에 대해서 특정한 보편적 개념을 통해 설명하는 방식을 의미한다. 즉 경제 활동의 합리화가 급격히 진행된 역사의 과정은 프로테스탄트, 그중에서도 칼뱅주의의 도덕적·종교적 원동력 없이는 이루어질 수 없었다는 것이다. 이렇게 베버는 명백히 입증할 수 있는 현상에서부터 자신의 논의를 시작했다. 그러므로 당대를 지배하던 유물론적 주장에 맞서, 예외적이고 변칙적인 현상에 대해 파악하고 그 의미를 해석한 점은《프로테스탄트 윤리와 자본주의 정신》의 독창성이 드러난 부분이라고 할 수 있다.

이와 더불어《프로테스탄트 윤리와 자본주의 정신》의 보다 큰 의의는 현대의 산업 문명에 대해 정확히 예견하고 있다는 점이다. 베버는 이렇게 말한다.

"청교도들은 직업인이 되기를 바랐다. 반면 지금의 우리들은 직업인이 되지 않을 수 없다. 금욕주의는 수도원의 닫힌 벽을 걸어 나와 일상생활의 직업으로 옮겨 왔고 현세의 도덕을 지배하기 시작했다. 그 결과 금욕주의는 기계제 생산의 기술적·경제적 전제 조건으로 자리를 잡으면서 근대적 경제 질서라는 강력한 우주를 형성하는 데 그 역할을 수행했다. 오늘날 이 근대적 경제 질서는 엄청난 힘을 갖고 이 안에서 태어나는 모든 개인의 생활양식을 강제로 규제하고 있다. 이 질서는 영리 추구 활동에 직접 종사하지 않는 사람까지도 포함하며 마지막 석탄이 다 타서 없어질 때까지 그 규제를 멈추지 않을 것이다.

일찍이 백스터는 '외적인 재화에 대한 염려는 마치 언제든지 벗어 던질 수 있는 얇은 망토처럼 신도의 어깨 위에 놓여 있어야만 한다.'라는 견해를 밝혔다. 그러나 운명은 이 망토를 강철 같은 우리로 만들었다. 금욕주의가 세상을 새롭게 형성하고 세속에 영향을 미치기 시작하자 이 세상의 외적인 재화들은 역사상 그 어느 때도 볼 수 없었을 정도로 인간에 대한 지배력을 키워 나갔고 급기야 인간은 결코 이 지배로부터 벗어날 수 없게 되었다.

오늘날 종교적인 금욕주의 정신은 이 우리에서 사라져 버렸다. 영원히 사라진 것인지 아닌지는 누구도 모르지만 말이다. …… 미래에는 그 누가 이 우리 안에 살게 될 것인지, 이 거대한 발전의 마지막에는 완전히 새로운 예언자들이 나타날지 아니면 과거의 사상과 이상이 강력히 부활할지 그 해답은 아무도 모른다. 이 둘 중에 어느 것도 아니라면 어쩌면 병적인 자기 오만으로 장식된 기계에 의한 화석화가 일어날지도 모른다."

이 부분을 보면 앞서 프로테스탄트의 종교적 금욕주의와 자본주의 정신에 관해 자신의 논의를 이끌어갈 때 베버가 보여 준 분석적이고 논리적이며 지나치리만큼 조심스럽던 태도는 사라지고 없다. 산업 사회에 대한 베버의 견해는 단정적이고 음울한 느낌마저 든다. 하지만 베버는 사회 과학자로서 확고한 자신의 입장을 이렇게 말했다.

"이 문제는 가치 판단과 종교적 판단의 문제가 되고 만다. 이 책은 순수한 역사적 설명을 다루고 있으므로 이 문제는 논의 범위를 벗어나는 것이다."

여기에서 우리는 '가치 자유'를 추구한 과학자로서 베버의 자세를 엿볼 수 있다. 베버의 가치 자유라는 개념으로 보면 미래는 그 전개의 가능성이 모든 방향으로 열려 있고 따라서 전혀 예측이 불가능한 것은 아니라 하더라도 불확실한 것이다. 따라서 지식과 역사적 행동 사이의 관계는 복합적이기 때문에 미리 판단을 내릴 수가 없다는 것이다. 베버에게는 미래지만 오늘의 우리에게는 현실인 이 문제를 어떻게 이해하고 해석하며 변화시킬 것인가는 온전히 우리의 몫으로 남아 있을 수밖에 없다.

3) 《프로테스탄트 윤리와 자본주의 정신》에 대한 비판과 논쟁

《프로테스탄트 윤리와 자본주의 정신》은 근대 사회 과학에서 가장 유명하며 수많은 논쟁을 낳은 저작 중의 하나다. 이 논문이 처음 발표되던 당시부터 곧 비판적인 논쟁을 불러일으켰으며 베버는 적극적으로 이 논쟁에 참여했다. 이 논쟁은 그 뒤 많은 시간이 지나서도 그 열기가 식을 줄 몰랐다.

사실 이 책이 논쟁적인 의도에서 씌어졌다는 점은 "이 연구는 사상이 역사에서 동기로 될 수 있다는 점을 이해하기 위해서며, 또한 경제 결정론을 논박하기 위한 것이다."라고 베버가 언급한 데서도 명백해진다. 말하자면 종교 개혁과 그에 따른 청교도 분파의 발전이 마르크스주의자들이 주장하듯, 경제적 변화에 의해 일어난 필연적인 역

사의 결과로서 설명될 수는 없다는 것이 베버의 입장이었다. 따라서 베버가 마르크스주의를, 혹은 마르크스주의적인 역사 분석을 염두에 두고서 이 두 편의 논문을 썼다는 것은 사실이다.

하지만 이 책이 불러일으킨 논쟁이 그렇게까지 오랫동안 그리고 적극적으로 이루어진 것은 어떻게 설명할 수 있을까? 사회학자 앤서니 기든스는 이에 대해 다음과 같이 설명했다.

> "베버는 근대적 서구 경제의 기원을 해석하는 데에 두 가지 요소, 즉 종교와 자본주의를 적용했다. 그런데 이 두 요소는 모두 폭발할 가능성을 지닌 잠재적인 성격을 갖고 있었다."

이 말은 베버의 이 책이 종교적인 측면에서도, 그리고 사회 과학이라는 측면에서도 모두 엄청난 논쟁을 일으킬 가능성을 이미 자체에 안고 있었다는 의미다. 베버는 종교적 영향력과 관련해 일종의 관념론적인 논증을 했고 따라서 당대의 거의 모든 마르크스주의자로부터 반대 논의를 불러일으켰다. 그리고 가톨릭을 세속적 생활감을 결여하고 근대 경제 발전에 나쁜 영향을 준 것으로 특징지어 많은 가톨릭 역사가들의 적대감을 낳았다.

또한 청교도 분파들을 분석하면서 프로테스탄트의 동력으로 작용한 근대 문화의 특징을 강철 우리와 연관시킨 점은 프로테스탄트 사상가들로부터 환영받을 수 없는 부분이었다. 여기에다가 자본주의라는 용어의 규정 자체가 논쟁적이었다. 당시의 많은 사람들은 여전히 베버가 사용한 개념이 경제사에 별로 유용하지 않다고 여기는 경향이 있었다.

이 밖에도 다양한 반응을 불러일으키고 논쟁들이 계속된 바탕에는 다음과 같은 요인들이 자리 잡고 있었다.

첫째, 청교도주의와 근대 자본주의 사이의 연관성에 대한 베버의 진술이 객관적으로 인정할 만한 자료에 근거하고 있지 않다는 점이다. 베버가 언급한 유일한 수적인 분석은 1895년 바덴에서의 가톨릭과 프로테스탄트의 경제 활동에 관한 연구뿐이다. 그리고 이 표의 정확성마저 의심받았다. 더불어 베버의 자료가 주로 앵글로 색슨계의 자료며, 16세기와 17세기의 라인란트, 네덜란드, 스위스 등지에서의 경제 발전에 대한 조사는 칼뱅주의와 자본주의적 경영 사이의 어떠한 밀접한 연관성도 보여 주지 않는다는 것이다.

둘째, 베버가 근대 자본주의, 즉 합리적 자본주의와 그 이전에 행해졌던 자본주의 활동의 유형 사이에 보여 주려 했던 날카로운 대비는 정당화될 수 없다는 비판이다. 베버는 근대 자본주의라는 개념을 왜곡시켜 자신이 파악한 청교도주의의 여러 요소에 껴맞추었다는 것이다. 또 베버가 근대 자본주의 정신이라고 부르는 상당 부분도 사실은 이미 이전에 있었고 프로테스탄트 운동과 더불어 진화했다는 것이다.

셋째, 베버가 청교도주의와 자본주의 사이의 인과 관계의 성격을 잘못 파악했다는 주장이다. 마르크스주의 비판자들은 베버가 역사적 인과 관계에 대해 모든 현상이 서로 독립된 많은 요소로 이루어져 있다는 다원론적 관점을 지녔다고 하며 거부했다. 또 다른 사람들은 베버가 분석한 청교도 교리는 이미 확립되어 있던 경제적 변화의 부수 현상에 불과하다고 하는가 하면 베버가 작업했던 방법론적 틀을 거부하는 사람도 있었다.

넷째, 베버는 과학과 예술, 대학, 관료 집단, 정당, 자본주의, 사회주의, 합리주의 등 근대 사회의 모든 요소들이 서구에만 나타난다고 주장했다. 이는 19세기 이후의 세계사가 '근대화=서구화'라는 하나의 원리로 전개되었기 때문에 타당하게 보일 수도 있다. 하지만 바로 이 점 때문에 베버는 서양 중심주의에서 벗어나지 못했다는 지적을 받고 있다.

이상에 지적한 비판들이 모두 잘못되었다거나 순전히 베버의 입장을 오해한 데에서 왔다고 볼 수는 없을 것이다. 부분적으로는 잘못된 주장이 있다고 하더라도 일부는 상당한 설득력을 가지고 있다.

그러나 설사 그렇다고 인정해도 여전히 문제가 남아 있다. 베버가 《프로테스탄트 윤리와 자본주의 정신》에서 다루었던 핵심적이고 논쟁적인 요소인 루터의 소명 개념, 가톨릭과 경영 활동 사이의 친화성 결여, 그리고 프로테스탄트 윤리가 부의 축적에 미친 영향 등의 주제들을 제대로 추적하기 위해서는 세계 종교와 문화 현상, 그리고 베버의 방법론적 틀 등을 광범하게 다루지 않고서는 만족스럽게 해결할 수 없을 것이다. 이런 일을 시도하려면 그 자신이 베버에 비길 만한 학문적 깊이를 가질 필요가 있어서일까? 아직은 이것을 시도한 사람이 없다는 점으로 봐서 여전히 베버의 논의는 그 의미가 퇴색된 것이 아니라고 할 수 있다.

4. 오늘날 우리에게 자본주의 정신은 어떤 의미를 갖는가?

자본주의라는 말에서 떠올리는 것은 대체로 '인간의 이기적 욕구'나 '자유 경쟁'과 같은 용어다. 그래서인지 우리는 수단과 방법을 가리지 않고 물질적 욕구를 추구하는 일을 당연하게 여기는 경향이 있으며, 심지어는 돈을 많이 벌거나 출세하려고 노력한 사람들을 자본주의 질서에 잘 적응하는 능력 있는 사람으로 여기며 부러운 시선을 보내기도 한다. '개같이 벌어 정승같이 쓴다.'라는 식이나 '내 돈 벌어 내가 쓰는 데 무슨 상관이냐?'라는 식의 지나치게 자의적인 독선에는 눈살을 찌푸리지만 그것도 잠시일 뿐이고, 현실적인 삶에서는 가진 사람을 부러워하고 더 많이 가지려고 노력한다.

또한 물질적인 부를 얻기 위해서나 경쟁에서 승리하기 위해 어떤 수단이나 방법도 허용될 수 있다는 자본주의적 정글의 생존 법칙이 덕목으로 간주되기도 한다. 그 결과 우리 사회는 온갖 투기와 정경 유착, 탈세, 소수 부유층의 과소비 등 천민 자본주의적인 경제 행태가 극복되지 못하고 있다. 이러한 생각과 행위는 베버가 말하는 합리적 자본주의와는 너무나 거리가 멀다. 물론 베버는 17세기 합리적 자본주의를 발전시킨 것이 금욕적인 생활 태도와 직업에 대한 소명 의식으로 무장한 프로테스탄트 윤리라는 점을 밝혔을 뿐이다. 그러나 베버는 이 책의 마지막에서 금욕적 윤리의 자리를 대신한 향락적이고 경쟁적인 자본주의 정신의 타락을 경고하고 있다.

여기서 베버가 말하는 합리적 자본주의 정신은 돈과 재물을 무조건 탐하는 것과는 많은 차이가 있다. 돈과 재물의 추구는 신에 대한 경건한 태도와 결합되어 있고 직업에 대한 성실한 의무 의식을 갖는 것이다. 따라서 고리대금업을 한다든가 땅 투기를 한다든가 외국인 노동자를 착취해서 재물을 모으는 것과 같은 비윤리적인 행위는 베버가 말하는 자본주의 정신이 아니다. 그런 까닭에 베버가 말하는 직업 정신에는 자본가든 노동자든 성실하고 근면하며 자신의 직업에 최선을 다하는 한편 진지하게 이웃과 동료를 고려하는 배려가 들어 있었다.

이렇게 합리적인 정신이 지배하기 위해서는 무제한적인 충동과 욕망을 억제하고 조절해야 한다. 이러한 자기 절제와 금욕에는 "가능한 한 많이 얻되 또한 절약하라. 그리고 다른 사람에게 베풀어야 한다."라는 프로테스탄트 윤리가 바탕에 작용하는 것이고, 그것이 자본주의의 물질적 토대를 형성하며 자본주의 발전에 결정적으로 기여했다. 이 합리적 자본주의 정신은 자신만이 아니라 다른 사람, 곧 사회에도 유익한 일을 추구하는 공리주의적 동기를 지니고 있었다.

다시 우리 사회의 문제를 되돌아보자. 자본주의의 발전과 더불어 물질에 대한 인간의 욕망과 돈에 대한 무절제한 집착은 점점 커지고 있다. 재물의 획득을 위해서라면 다른 경쟁자를 넘어뜨리기 위한 음모도 정당화되고 심지어는 강도나 살인까지 저지르게 된다. 이기적인 생각과 행동은 극심한 경쟁 속에서 살아남기 위한 정당한 행위처럼 받아들여진다. 남을 쓰러뜨리지 않으면 내가 쓰러진다는 이 극에 달한 비인간화는 우리 자신을 다른 사람으로부터 고립시키며 삶을 짓누르고 있다. 물질적으로 풍요롭기는 하지만 과연 이런 삶은 행복한 것인가? 과연 우리는 가난했지만 사람 사이의 정이 넘치던 과거보다 더 낫게 사는 것일까? 만일 이런 질문에 긍정할 수 없다면 우리는 진정 자신의 삶을 의미 있게 그리고 행복하게 만들 수 있는 길을 찾고자 노력해야 한다.

행복한 삶과 더 나은 세상을 만들기 위해서는 인류가 함께 따를 수 있는 보편적인 윤리가 확립되어야 한다. 그런데 보편적인 윤리가 확립되기 위해서는 인류 공동의 이상과 가치관, 기준, 사회에 대한 강한 책임감이 그 밑바탕에 자리 잡고 있어야 한다. 그것은 베버가 밝혀낸 프로테스탄트의 금욕주의에서도 발견되는 가치다. 프로테스탄트 윤리의 기초가 되는 성서에는 "가장 미천한 네 이웃에게 베푼 것이 곧 나에게 베푼 것이다."라는 예수의 말이 있다. 그렇지만 지금 프로테스탄트 정신으로 되돌아가는 것은 불가능한 일일지도 모른다.

하지만 사회에 대한 강한 책임 의식을 바탕으로 하는 이런 공리주의적 윤리와 정신이 없다면 우리 사회는 해체의 위기에 처하게 될지도 모른다. 최근에 우리 사회의 화두로 등장했던 '노블레스 오블리주(noblesse oblige)'도 그런 맥락의 하나일 것이다. 사회 지도층의 사회적 의무를 뜻하는 이 말이 새삼스럽게 등장한 배경에는 사회 지도층의 도덕적 타락과 정신적 해이가 있다. 공리주의자 존 스튜어트 밀이 말하는 높은 수준의 정신적 쾌락을 추구하라는 권고나, 조선 시대 선비들이 학문의 목적으로 여겼던 자신의 몸과 마음을 닦은 뒤 남을 다스리라는 수기치인(修己治人)의 자세, 베풀어 은혜에 보답하라는 불교의 보시(報施) 사상도 설사 그것이 현재의 대안은 아닐지라도 어떤 면에서는 합리적 자본주의 정신에 맞닿아 있다고 볼 수 있다.

사실 자본주의 사회를 살아가는 우리들이 무조건 돈을 거부하거나 멀리할 수만은 없을 것이다. 하지만 돈에 대한 올바른 인식이 확립되지 않는다면 독이 될 수도 있는 것이다. 같은 물이라도 소가 먹으면

우유가 되고 뱀이 먹으면 독이 된다는 말이 있다. 돈을 모으는 과정은 물론 돈을 사용하는 과정에서도 합리적이며 공리적인 윤리와 정신이 요구된다. 베버가 지적한 자본주의 정신의 합리화는 자본주의 사회를 살아가는 우리에게 절대적으로 옳은 선은 아닐지라도 최대 다수의 행복이라는 점을 생각할 때 깊이 되새겨야 할 당위성을 포함하고 있다. 오늘 우리 시대가 돈과 직업에 대한 사람들의 의식과 태도를 진지하게 고민할 시점인 것만은 확실하다. 직업 자체에 대한 성실함을 삶의 목적으로 여기던 청교도의 직업관은 직업이 의무자 피할 수 없는 생존 조건이 된 오늘날에는 공허한 메아리일 수도 있다. 그러나 사람이 무엇으로 사는가에 관해 근본적으로 성찰한다면 검약과 절제의 미덕을 바탕으로 했던 프로테스탄트 윤리가 도리어 조금 더 아름다운 세상, 행복한 세상이 될 수 있게 도움을 줄 수 있다고 생각하는 것은 지나친 낙관일까?

우리가 베버의 《프로테스탄트 윤리와 자본주의 정신》을 다시 읽는 의미도 여기에 있을 것이다. 물질과 외형적 치장에서 행복을 찾는 우리 시대의 가난한 정신에 대해서 진지하게 고민해 본 사람들이나 행복한 삶의 가치를 찾기 시작한 청소년들에게 이 책은 객관성을 가진 학문적인 방법론만을 보여 주는 것이 아니라 자본주의 정신에 대한 자기 성찰의 기회를 줄 수 있으리라 믿는다.

막스 베버 연보

1864년(1세)	4월 21일 독일 튜링겐 지방 에르푸르트에서 출생.
1869년(6세)	프로이센 제국의 수도 베를린으로 이사.
1876년(13세)	폭넓은 독서를 바탕으로 〈황제와 교황의 지위를 중심으로 본 독일사의 경과에 관해서〉와 〈내 자신의 하잘것없는 자아 및 부모님과 형제에게 바침〉이라는 두 편의 수필을 씀.
1882년(19세)	하이델베르크 법과 대학 입학.
1889년(26세)	박사 학위 논문 〈중세 상업 회사의 사론〉 발표.
1891년(28세)	베를린 대학 교수 자격 논문 〈로마 농업사〉 발표.
1892년(29세)	베를린 대학에서 로마법과 상법, 독일법 강의.
1893년(30세)	마리안네 쉬니트거와 결혼.

1894년(31세)	프라이부르크 대학 경제학 정교수로 취임.
1895년(32세)	프라이부르크 대학 취임 강연, 〈국민 국가와 국민 경제 정책〉 발표.
1897년(34세)	아버지의 죽음 뒤 신경증과 우울증이 시작됨. 하이델베르크 대학 국민 경제학 교수로 취임.
1902년(39세)	심한 신경 쇠약 증세로 유럽 각지에서 투병 생활을 하다 다시 연구 활동을 시작함.
1904년(41세)	논문 〈사회 과학적 인식 및 사회 정책적 인식의 객관성〉 집필.
1905년(42세)	논문 〈프로테스탄트 윤리와 자본주의 정신〉 집(1904~1905).
1906년(43세)	논문 〈러시아에서의 부르주아 민주주의의 상황〉, 〈러시아에서의 사이비 입헌제로의 이행〉 집필.
1908년(45세)	논문 〈고대 농업 제도론〉 집필.
1909년(46세)	독일 사회학회의 창립에 관여하고 총서 《사회 경제학 강요》의 편집을 맡음.
1914년(51세)	제1차 세계 대전이 발발해 군에 입대.

1915년(52세)	논문 〈유교와 도교〉 발표.
1916년(53세)	《경제와 사회》 집필.
1918년(55세)	독일 민주당에 들어가 계몽 활동을 벌임. 비엔나 대학에서 강의.
1919년(56세)	어머니가 돌아가심. 뮌헨 대학에서 강의하고 베르사유 강화 회의에 전문 위원으로 참석.
1920년(57세)	6월 폐렴으로 사망.